ISBN 978-0-666-86573-1
PIBN 11307254

Kritik

der Geschichte des Vereins zum Schutze der Deutschen Auswanderer
nach Texas

(The German Emigration Company)

wie sie im

„Auswanderer", Jahrgang 1894, No. 127 und 129,

vorgetragen ist,

Mit dem ausgesprochenen Zwecke, die Beschuldigung, der Verein habe im
Interesse der englischen Regierung die Auswanderer nach Texas
gelenkt, und sei dafür von derselben bezahlt worden,

als unwahr aufzudecken.

Von

W. v. Rosenberg,

Austin, Travis County, Texas.

Dezember 1894.

UPB

Vorwort.

Veranlaßt durch die ungeheuerliche Beschuldigung, daß die deutschen Fürsten für schnöden Mammon ihre Unterthanen und andere Deutsche veranlaßten, nach Texas wandern, indem sie für jeden Auswanderer von der englischen Regierung eine Prämie gezahlt erhielten, forderte ich den Verfasser des im „Auswanderer" No. 128 und 129 (1894) publizirten Artikels, „Was Texas für den deutschen Einwanderer bedeutet" — auf, die Beweise für seine Behauptung beizubringen. Zugleich ersuchte ich den ältesten noch lebenden ehemaligen General-Kommissär des Vereins, Herrn Meusebach, mir die Benutzung seiner erzwungenen gerichtlichen Aussage über die Verhältnisse, wie sie in dem vor Nachdruck geschützten Pamphlet

*) ''Answer to Interrogatories''

in case No. 396, D. C. McCulloch County,

(gedruckt Austin 1894) enthalten ist, — zu gestatten.

Dadurch, durch meine eigenen anderweitigen Ermittelungen und durch das Studium der Original-Dokumente in den Staats-Archiven zu Austin sammelte sich das Material für die nachfolgenden Blätter, die nur den einzigen Zweck haben, die von dem Sensations-Schreiber im „Auswanderer" erzählten Unwahrheiten, Unge-

Druckfehler.

Vorwort, Zeile 3. „auswandern," soll sein „auszuwandern."

Seite 6, Zeile 36, „1892," soll sein „1692."

„ 10, „ 32, „Geschäftstheilnehmers," soll sein „Geschäftstheilnehmer."

„ 12, „ 28, „mußte," soll sein „muß."

„ 12, es fehlt die Anmerkung: * „M. A. Seite 5."

„ 27, Zeile 12, „welchen," soll sein „welcher."

„ 27, „ 28, soll sein „Argumentation."

Vorwort.

Veranlaßt durch die ungeheuerliche Beschuldigung, daß die deutschen Fürsten für schnöden Mammon ihre Unterthanen und andere Deutsche veranlaßten, nach Texas auszuwandern, indem sie für jeden Auswanderer von der englischen Regierung eine Prämie gezahlt erhielten, forderte ich den Verfasser des im „Auswanderer" No. 128 und 129 (1894) publizirten Artikels, „Was Texas für den deutschen Ein-wanderer bedeutet" — auf, die Beweise für seine Behauptung beizubringen. Zugleich ersuchte ich den ältesten noch lebenden ehemaligen General-Kommissär des Vereins, Herrn Meusebach, mir die Benutzung seiner erzwungenen gerichtlichen Aus-sage über die Verhältnisse, wie sie in dem vor Nachdruck geschützten Pamphlet

*) "Answer to Interrogatories"
in case No. 396, D. C. McCulloch County,

(gedruckt Austin 1894) enthalten ist, — zu gestatten.

Dadurch, durch meine eigenen anderweitigen Ermittelungen und durch das Studium der Original-Dokumente in den Staats-Archiven zu Austin sammelte sich das Material für die nachfolgenden Blätter, die nur den einzigen Zweck haben, die von dem Sensations-Schreiber im „Auswanderer" erzählten Unwahrheiten, Unge-nauigkeiten und Verdrehungen der Vereinsgeschichte, der Wahrheit gegenüber zu stellen. Da ich nicht ein Mitglied des Vereins war, nicht dessen Hülfe zu meiner Auswanderung in Anspruch genommen habe, so glaube ich als Unbetheiligter eine gerechte Darstellung des Thatbestandes vom Standpunkte der Unparteilichkeit aus entworfen zu haben, und hoffe, daß meine Absicht, die schändlichen, auf den Verein gehäuften Verläumdungen wegen angeblich begangener ehrloser Hand-lungen — in ihr Nichts zurückzuweisen, erreicht sein möge.

Austin, Texas, im Dezember 1894.

W. v. Rosenberg.

---

*) Anmerkung. — Bezugnahmen auf dieses Schriftchen sind in dem Folgenden mit M. A., Seite .... bezeichnet.

Eine Entgegnung.

Austin, Tex., 16. Mai 1894.

The "Emigrant Publishing Co.,"
Schiller Building,
Chicago, Ill.

Bitte meine beiliegende „Beleuchtung n. f. w." I. als eine nothwendige Folge der Publikation des darin bezeichneten Artikels — in Ihrer nächsten Nummer aufzunehmen — ich werde fortfahren, die unrichtigen Darstellungen des Verfassers von der anderen, der faktischen Seite zu besprechen, und die Phantasie-Sprünge des Verfassers auf Thatsachen zurückzubringen.

Ich hoffe, Sie werden mir die Gelegenheit nicht versagen, sachlich zur Berichtigung beizutragen, um zu verhindern, daß „die Geschichte deutscher Einwanderer in Texas" nicht eine erfundene Geschichte, wie schön sie auch klingen mag, sondern eine wahre, dem späteren Geschichtschreiber überliefert werde.

Achtungsvoll

W. v. Rosenberg.

I.

In No. 128, Jahrgang 8, vom 15. März 1894, befindet sich unter der Ueberschrift „Was Texas für den deutschen Einwanderer bedeutet", ein Artikel über die Geschichte deutscher Einwanderung in Texas und über die Gründung deutscher Kolonieen von deutschen Prinzen und Fürsten, der mit gewandter Feder Wahrheit und Dichtung so gut vermischt, daß es selbst für den Kundigen schwer hält eine Sichtung zu unternehmen. Wenn ich es trotzdem versuche, Berichtigungen zu schreiben, so thue ich solches, um durch Nachweis des wahren Thatbestandes dazu

beizutragen, die Geschichte der deutschen Einwanderung so viel wie möglich von Irrthümern zu reinigen.

Die Darstellung, daß „der Verein für den Schutz der deutschen Auswanderer nach Texas", welcher im Jahre 1842 von einflußreichen Personen gegründet wurde, auf englischen Einfluß zurückzuführen ist, und daß die deutschen Auswanderer ohne ihr Wissen von dem Verein für englische Zwecke gebraucht werden sollten, wofür der Verein mit englischem Gelde bezahlt wurde, ist eine Anklage, die nicht ohne Beibringung der Beweise gemacht werden sollte. Der Verfasser sagt: „Nur wenigen Mitgliedern wurde der eigentliche Zweck der Gesellschaft mitgetheilt." War der Herr Verfasser einer der Eingeweihten, so muß es ihm ein Leichtes sein, den Beweis beizubringen, an welch' einem schmachvollen Handel er sich betheiligt. War er nicht ein Eingeweihter, sondern einer der dummen Dupirten, so ist er es denen schuldig, die gleich ihm in die Falle gingen, nachzuweisen, daß sie alle die Opferlämmer politischer Intriguen waren, als sie das deutsche Vaterland zu verlassen überredet wurden. Ist aber der Herr Verfasser weder einer der Eingeweihten, noch einer der Dupirten, so ist er es sich selbst schuldig, seine Darstellung zu erhärten; heraus mit den Briefen vom Prinzen Solms an Beamte der Gesellschaft, heraus mit den Briefen an das Staatssekretariat unter Präsident Houston und vor Allem, wer sind Sie, Herr Verfasser, fechten Sie nicht mit geschlossenem Visier, denn wir werden noch manche Lanze zu brechen haben; diese wenigen Zeilen sollen nur die Einleitung sein, um die Unrichtigkeiten aufzudecken, von denen Ihre Geschichte strotzt.

II.

Cultur-Arbeit der Deutschen in Texas vor der Zeit des Vereins zum Schutze der deutschen Auswanderer nach Texas, d. h. vor 1844.

In No. 131 des „Auswanderer", Seite 6, ersuchte ich den Verfasser des oben genannten Artikels die Beweise für seine Behauptung beizubringen, daß der Verein zum Schutze deutscher Auswanderer nach Texas im Interesse Englands gegründet, und mit englischem Gelde bezahlt wurde; auch forderte ich ihn auf, sich zu nennen. Nachdem zwei weitere Nummern des „Auswanderer" erschienen sind ohne Antwort des Verfassers, werde ich versuchen, ihm nachzuweisen, daß seine Behauptung keinen Glauben verdient.

Der Verfasser geht ziemlich kurz über den Anfang der deutschen Einwanderung in Texas hinweg, und doch muß es von besonderem Interesse sein, dem späteren Geschichtsschreiber etwas aus der Zeit der Anfänge der Einwanderung zu überliefern.

Texas war bekanntlich als ein Theil Mexiko's bis 1821 unter spanischer Herrschaft, doch zu der Zeit gab es außer spanischen Missionen kaum nennenswerthe Ansiedelungen. Die Spanier bewachten mit eifersüchtigem Auge jedes Vordringen fremder Nationalitäten in ihr prätendirtes Gebiet. Die 1685 durch den Franzosen La Salle an der Matagorda Bay angelegte Colonie St. Louis wurde mit Waffengewalt zerstört. Wahrscheinlich im Jahre 1892 wurde San Antonio de Bexar gegründet, mit Emigranten, welche von den Canarischen Inseln gebracht sein sollen, besiedelt und mit militärischer Besatzung versehen. Die vier Missionen sind San Antonio sind etwas später erbaut. 1716 wurde Goliad, früher la Bahia genannt, gegründet und mit militärischer Besatzung versehen. Die Spanier legten eine Militärstraße an von San Antonio östlich bis zum Redriver, an deren Endpunkte Natchitoches (jetzt außerhalb Texas, in Louisiana gelegen) wahrscheinlich um 1732 gegründet wurde. Nach der spanischen Gewohnheit — die Indianer zur Civilisation, zum

Christenthum und zur Arbeit zu bekehren, — wurde an allen diesen festen Plätzen auch Ackerbau mit Hülfe der bekehrten Indianer betrieben. Die im Jahre 1818 am Trinity Flusse durch die französischen Generäle Lallemand und Gronchy angelegte Colonie Champ b'Asyle wurde durch spanische Truppen vertrieben. Eine Gesellschaft von 53 Abenteurern verschiedener Nationen landete, von New Orleans kommend, im October 1821 an der texanischen Küste und marschirte ins Innere; sie kamen bis Goliad, wo mexikanische Soldaten sie in Empfang-nahmen. Friedensbruch lag nicht vor, so wurde diesen Leuten freigestellt, ihrem Gewerbe nach sich nützlich zu machen. Im Staats-Archiv befindet sich ein Rapport, der die Namen und Nationalitäten angibt, darunter werden als Deutsche angeführt: Eduard Hanstem, Joseph Dirksen, Ernst von Rosenberg, Wilhelm Miller, Carl Cuans, Gasper Porton. Unter diesen müssen wohl die ersten Deutschen angenommen werden, die sich als Ansiedler in Texas niederließen. Ernst von Rosenberg war mein Onkel, der als Militär in die mexikanische Armee eintrat, nach dem Innern von Mexiko kam, zum Artillerieobersten avancirte, und bald darauf nach dem Falle von Iturbide erschossen wurde.

Nachdem Mexiko von Spanien im Jahr 1821 unabhängig geworden, begann die Colonisirung von Texas. Der Amerikaner Moses Austin schloß einen Colonisations-Contract mit der mexikanischen Regierung und die amerikanische Einwanderung begann, erstarkte von Jahr zu Jahr, und als sie von der Central-Regierung in ihren verbrieften Rechten verletzt wurde; erklärten die Colonisten ihre Unabhängigkeit von Mexiko am 2. März 1836. Der daraus resultirende Krieg wurde in der Schlacht bei San Jacinto am 21. April 1836 zu Gunsten der Colonisten entschieden und die Republik Texas proklamirt.

Es ist interessant zu wissen und als historisch festzustellen, daß zu dieser Zeit bereits eine große Anzahl Deutsche hier wohnten und den amerikanischen Colonisten in dem Unabhängigkeitskriege getreulich zur Seite standen, und es ist wohl

Werth, daß deren Namen der Geschichte deutscher Einwanderer in Texas erhalten bleiben. Die folgenden Namen solcher früher deutscher Ansiedler entnehme ich den Staats=Archiven, wobei ich viele offenbar deutsche Namen, aber englisch verstümmelt, weglasse: Carl Amsler, Louis T. Amelung, Jacob Albrecht, Wm. Ahlert, Joseph Biegel, Joh. Brugiesky, Joh. A. Baumacher, Thomas Bertram, W. M. Burch, Franz Dieterich, N. Dombristi †, Georg B.Erath, F. E. Elm, Herman Ehrenberg, Conrad Eigenauer †, Bernhard Eilers, Fritz Ernst, Albert Emanuel, Joseph Ellinger, Carl Forbtran, Carl A. Felder, Abraham Formann, Peter H. Fullenweider. Wilhelm Frels, Wilhelm Friedländer, F. W. Grasmeyer, Jacob H. Geiger, Friedrich Griebenrath †, Conrad Gürgens, Carl Giesecke, Joseph Hertz, Christian Hillebrandt, Moriz Heinrich, Georg Herber, Joh. F. Hollien, Joh. Heunecke, Eduard Harkort †, J. A. Heiser, F. W. Heuseman, Herman Halt, Casper Harnmacher, Friedrich Helmüller †, Louis Kleberg, Robert Kleberg, August Kinchel †, Louis Knup, Joh. Köpf, A. D. Keßler, Franz Keller, Louis Kraz, Anton Lehmkuhl, Georg W. Lückenhoger, Carl Lyninburg, Wilhelm Langenheim, G. W. Lück, Friedrich Lundt, Ferdinand Lüderst, Carl Messer, Friedrich Niebling, Johann Oberländer, Joh. Peske, Peter Pieper, W. G. Preusch (todt), J. P. Reinhardt, Eugen Pucholasky, August Carl Redlich, Geo. W. Ricks, W. Rosenberg †, L. S. von Röder, Albrecht v.Röder, Joachim v.Röder, Louis v.Röder, Otto v.Röder, Rudolph v.Röder, Wilhelm v. Röder, Louis Schulz †, H. Schulz, J. Schür †, Adolph Stern, R. Stölke, Friedrich Schrack, C. U. Schütz, Ferdinand Schröder, Georg Sullsbach, Henry Thürwächter, Carl Tapps, J. D. Volckmar, †, Samuel Wolfenberger, Wm. Wagner †, Henry Wilke †, Philip Weppler, Jacob Wilhem, Richard Wilhelm, Louis v. Zacharius, Joh. Zelainsky. Ein großer Theil der Genannten waren Ansiedler, die Meisten nahmen thätigen Antheil an dem Unabhängigkeitskriege gegen Mexiko; die mit † Bezeichneten ließen ihr Leben im Dienste für die Sache des Landes ihrer Wahl. Besonders zu erwähnen sind: Ed.

Harkort, Chef=Ingenieur im Stabe des Generals Houston, mit Oberst=Rang, der mit Befestigungsarbeiten von Galveston beschäftigt, im Sommer 1836 dem Fieber erlag; Franz Dieterich und Herm. Ehrenberg, die bei der Niedermetzelung des Fannin'schen Corps bei Goliab anwesend waren aber entkamen; Georg B. Erath, der sich als Landmesser auszeichnete, mehrfach in die gesetzgebende Körperschaft gewählt, und nach dem „Erath County" genannt ist; Jos. Biegel gründete Biegel's Settlemet; Fritz Ernst ist einer der Gründer der „Herman Universität".

Nachdem die Republik Texas von Großmächten in Europa, insbesondere von Frankreich anerkannt und durch Gesandtschaft vertreten war, nahm die Einwanderung von Europa stark zu. Deutschland war damals nur ein geographischer Begriff, ohne andere Repräsentation als den Frankfurter Bundestag; doch gerade von Deutschland suchten Viele eine neue Heimath hier, angezogen durch Berichte bereits hier ansässiger Deutschen und die liberalen Landschenkungen, welche die Republik den Einwanderern bewilligte. Ein großer Theil ließ sich in Galveston und Houston nieder, doch gingen auch Viele in das Innere des Landes, um sich dem Landbau zu widmen. Austin County hatte besonders viele deutsche Ansiedler; daselbst wurde auch das Städtchen Industrie gegründet. Westlich des Colorado=Flusses gab es vor 1844 noch keine nennenswerthen deutschen Ansiedelungen.

Wie der Herr Verfasser darauf kommt, um das Jahr 1840 den Theil von Texas, östlich vom Colorado, wo Deutsche zahlreich waren, „Klein=Deutschland" zu nennen, während er den Theil westlich vom Colorado „Groß=Deutschland" nennt, wo Deutsche sich nur vereinzelt aufhielten, ist unerfaßlich. Wie unbegründet diese willkürlich erfundenen Namen sind, beweist der Verfasser selbst mit seiner Behauptung, daß die ersten deutschen Ansiedler, die den Colorado überschritten, Franzosen (?) waren, vom französischen Grafen De Castro eingeführt u. s. w. Warum citoyen

*) Henry Castro vom Verfasser zum französischen Grafen gemacht wird, ist unersichtlich. Henry Castro und John Jassaud waren französische Spekulanten, die am 15. Februar 1842 mit dem Präsidenten der Republik Texas einen Colonisations-Contrakt abschlossen, in dem sie sich verpflichteten, in gegebener Zeit eine bestimmte Zahl Colonisten einzuführen. Von der Zeit des Contrakts verging wenigstens noch ein Jahr bis zur Ankunft der Einwanderer, und wenn diese Franzosen die ersten deutschen (?) Ansiedler westlich vom Colorado waren, wie der Verfasser sagt, so konnten sie nicht vor 1843 eintreffen, und doch nennt der Verfasser diesen Landestheil schon 1840 „Groß-Deutschland". Weiter behauptet der Verfasser, daß diese Ansiedler den ganzen Landstrich zwischen San Antonio und dem Nueces-Fluß urbar machten. Henry Castro, wie die Archive nachweisen, brachte 558 Männer nach Texas der größere Theil hatte Familien; wenigstens ein Drittel davon zog es vor, in der Stadt San Antonio zu bleiben, bleiben also etwa 360 Mann für den Landbau. Der Landstrich von San Antonio bis zum Nueces im Westen und Süden schließt etwa 6000 Quadrat-Meilen (englische) ein, tommen auf jeden Mann wenigstens 15 Quadrat-Meilen urbar zu machen. Die Wahrheit ist, daß dieses Terrain bis heute noch nicht urbar ist. Hiermit soll nichts gegen Castro's Colonie gesagt sein, man muß freudig anerkennen, daß dieselbe viel für die Entwickelung von West-Texas gethan hat. Daß der Verfasser diese französische Colonie als aus Deutschen bestehend darstellt, ist durchaus falsch; noch heute wird in San Antonio so viel Französisch gesprochen, daß Kinder die Sprache von ihren Spielgenossen lernen. Die Elsässer aber werden es dem Verfasser schwerlich danken, als Deutsche classifizirt zu werden. Vor 50 Jahren war der Elsässer stolz, zur "grande nation" zu gehören. Den Be-

Dr. Henry Cohen in seinem Vortrag in dem Historischen Verein in Galveston:
„Einige Historische Jüdische Charaktere" nennt drei Personen, Adolphus Sterne, David S. Kaufmann und Henry Castro.

mühungen der deutschen Reichsregierung während der letzten 23 Jahre ist es nicht gelungen, daß die Elsässer sich freudig als Deutsche bekennen; mit welchem Rechte nimmt der Verfasser die Elsässer schon vor 50 Jahren als Deutsche in Anspruch? Der ganze Abschnitt über Castro's Colonie gehört nicht in die Geschichte der deutschen Einwanderung in Texas. Während nun der Verfasser über die französische Colonie in Entzückung geräth, weiß er nichts über die Cultur-Arbeit der Deutschen im östlichen Texas zu sagen, als daß im Jahre 1840 die erste deutsche Stadt, Industrie genannt, gegründet wurde.

Haben Sie, Herr Verfasser, nie gehört, auch nie zu erforschen versucht, welche politische und soziale Stellung die Deutschen im östlichen Texas einnahmen? Wissen Sie nicht, daß die Deutschen Ende 1843 beim Congreß der Republik Texas um einen Charter zur Gründung einer deutschen Universität einkamen, und daß der Congreß nicht nur den Charter gewährte, sondern auch das Unternehmen durch Land-Schenkung zu fördern trachtere? Bitte, lesen Sie die Gesetze des 8. Congresses, Seite 36: "To incorporate the Herman University". Hier wurden L. C. Ervendberg, F. Ernst, H. Schmidt, H. Amthor, J. G. Sieper, C. Stöhr, F. W. Hüsman und F. Frank als Trustees of the Herman University incorporirt. Ich würde gerne das ganze Gesetz hier wiedergeben zum Beweise, in welcher Achtung die Deutschen damals hier standen und welchen Einfluß sie im politischen Leben hatten; doch würde ich damit zu viel Raum einnehmen und erlaube mir nur als Zeichen der Zeit einen Abschnitt hier folgen zu lassen:

Sec. 7. Be it further enacted: That no person shall be eligible to a Professorship in said University who does not understand 1 oth the German and English languages, unless by an unanimous vote of the Trustees such qualification shall be disregarded.

Also eine Hochschule, in der die Deutsche Sprache der Englischen gleichgestellt ist;

solche Anerkennung können die Deutschen in der Jetztzeit in keinem Staate der Union erreichen. Der Congreß dotirte in demselben Gesetze 4428 Acres Land für diese Universität.

Solch' politischen Einfluß hatten die Deutschen damals (1843) schon; sie waren von ihren amerikanischen Mitbürgern hoch geachtete, thätige Verbreiter deutscher Cultur in ihrer neuen Heimath, die der Herr Verfasser „Klein-Deutschland" zu nennen beliebt, während in seinem „Groß-Deutschland" Franzosen, „die eigentlich (?) Deutsche waren", 558 Mann stark das ganze Land von San Antonio bis zum Nueces u r b a r machten.

Wahrlich, das heißt Geschichte der deutschen Einwanderung in Texas schreiben!

III.

Der Verein zum Schutze deutscher Auswanderer nach Texas.

Im letzten Abschnitt ist nachgewiesen, daß schon vor 1844 die Deutschen in Texas eine anerkannte, hervorragende politische und soziale Stellung einnahmen; es versteht sich von selbst, daß solches nicht durch Intelligenz allein, sondern in Mitwirkung numerischer Anzahl und deren materieller Erfolge bedingt war, deshalb braucht ein weiterer Beweis der schon vor 1844 (von 1836 bis 1844) stattgehabten starken Auswanderung aus Deutschland nach Texas nicht geführt zu werden. Diese Auswanderung war mit größeren Schwierigkeiten verbunden wie später, schon da die Einschiffung von holländischen und französischen Häfen aus nach New Orleans in Louisiana geschah und von dort die Reise nach Texas auch nicht durch regelmäßigen Verkehr erleichtert war. Daß dennoch viele Personen diesen Weg nahmen, beweist, wie stark eine stille Agitation den deutschen Wandertrieb angeregt hatte, wozu außer den brieflichen Nachrichten auch gedruckte Schriften das Ihrige beitrugen. Der Erfahrungssatz: „Kleine Ursachen, große Wirkungen", hat sich eben auch hier bestätigt. In der Bundesfestung Mainz waren einige Offiziere und

Adelige, welche sich die Zeit mit Lesen vertrieben; im Verein mit Gleichgesinnten wurde das Gelesene oder Interessante besprochen. Hier wurde auch der neueste Roman, welcher damals in allen Kreisen Deutschlands Furore machte, des beliebten Schriftstellers Sealsfield, „Das Kajütenbuch, oder Schilderungen aus dem Leben in Texas" (Zürich, 1841), gelesen; dann auch „Ehrenberg, der Freiheitskampf in Texas". Es sei hier beiläufig erwähnt, daß dieser Ehrenberg derselbe Hermann Ehrenberg ist, der schon als einer der Wenigen genannt wurde, die dem Massacre des Fannin'schen Corps entkamen. Ehrenberg, nach einer langen, mühseligen Flucht, erreichte endlich die Küste bei Matagorda und ging nach Deutschland zurück. Die lebendige Beschreibung des Freiheitskampfes, die Schilderungen des Plantagen-Lebens und des wundervoll produktiven Landes, begeisterte die adelige Gesellschaft ebenso, wie auch viele andere Leute dadurch für Texas eingenommen wurden. Graf Castell, ein Offizier der österreichischen Garnison in Mainz, der speculativeste unter der Gesellschaft, wurde die Seele der Bewegung, einen Verein, "inter pares", zu gründen, d. h. als Mitglieder nur Adelige aufzunehmen. Geld in ein ungewisses, abenteuerliches Unternehmen zu stecken, war nicht Sache des Geschäftsmannes, der auf seinen pecuniären Vortheil bedacht ist; dagegen waren die jungen Adeligen nicht so überlegend oder ängstlich, ihr Geld auf's Ungewisse zu wagen. So finden wir aus den Akten, daß am 20. April 1842 etwa vierzehn deutsche Fürsten und Grafen, darunter Graf Castell, Graf Boos-Waldeck und mehrere Grafen Leiningen folgendes Document unterzeichnet haben:

„Wir Endesunterschriebene erklären „anduch, daß wir zum Zwecke Ankaufs „von Ländereien im Freistaate Texas „unter heutigem Datum uns als Gesell-„schaft constituirt haben.

„Biebrich, den 20. April 1842."

Diese informelle Gesellschaft beschloß in einer Versammlung am selbigen Tage, die Grafen Boos-Waldeck und Victor

Leiningen als Abgesandte nach Texas zu schicken, um durch eigene Anschauung Land, Leute und Klima zu erforschen und Bericht zu erstatten. Die beiden Herren, mit Geldmitteln und Vollmachten versehen, reisten im Mai 1842 nach Texas ab. Zu der Zeit war der Präsident der Republik Texas durch Gesetz vom 5. Febr. 1842 autorisirt, unter bestimmten, in dem Gesetze vorgeschriebenen Bedingungen ganze Landesstrecken contraktlich an Unternehmer zur Ansiedelung von Colonisten zu übergeben. Leider hatte Leiningen keinen Rechts=, Gesetz= und Geschäfts=Kundigen Beistand zur Seite, und anstatt sich unter zu Grundelegung der Bedingungen des Gesetzes, von benen der Präsident nicht abweichen konnte, auf einen Landstrich zu einigen, stellte er Bedingungen (mehrjährige Steuerfreiheit der Colonisten), die nicht angenommen werden konnten, ohne den Contract von Haus aus ungültig zu machen. Der im Winter 1842—1843 tagende Congreß wollte an dem allgemeinen Colonisations = Gesetz, unter dem Tausende aus den Vereinigten Staaten nach Texas gekommen waren, keine Aenderungen machen. Es ist am Platze, hier einzuschalten, daß am 4. Februar 1841 ein Gesetz in Kraft trat, welches zu Gunsten von W. S. Peters und dessen Geschäftstheilnehmers Land für die von ihnen einzuführenden Ansiedler anweist; in diesem Gesetze wird der Präsident autorisirt, mit genanntem W. S. Peters Contracte unter in dem Gesetze stipulirten Bedingungen abzuschließen. Peters' Gesellschaft war aus Louisville, Kentucky; es wurde ihr ein Landstrich im nördlichen Texas angewiesen, und Tausende Ansiedler aus den Vereinigten Staaten kamen kraft desselben nach Texas. Als andere Unternehmer ähnliche Contracte abschließen wollten, zeigte es sich, daß solches nicht vorgesehen war. Darauf wurde am 5. Februar 1842 durch einen Gesetz=Zusatz der Präsident ermächtigt, auch mit anderen Personen Contracte abzuschließen, jedoch dieselben Bedingungen beizuhalten, die das Gesetz für Peters' Colonie vorschreibt. Zum großen Nachtheil des deutschen Unternehmens verfehlte Graf Leinin-

gen, sich mit dem Präsidenten zu einigen, kehrte 1843 nach Deutschland zurück und berichtete günstig für das Projekt der Colonisation in größerem Maßstabe.

Boos=Waldeck erwarb ein außerordentlich günstig gelegenes Stück Land in Fayette County. Bester Boden, gutes Holz und Wasser und schöne Lage beweisen den praktischen Blick des Käufers. Hier legte er die Farm Nassau an, mit dem Aufwande von 54,000 Gulden. Er kehrte im Januar 1844 zurück und berichtete gegen Colonisation in größerem Maßstabe, weil dazu die Geldmittel nicht zur Verfügung ständen.

Unterdeß war schon bis Ende Juni 1843 durch schriftliche Beitritts=Erklärung eine Aktien=Gesellschaft mit 40 Aktien zu 5000 Gulden gegründet:

„Zum Ankauf und Colonisirung „von Ländereien im Freistaate Texas." (M. A., Seite 4 und 5.)

Die Agitation hatte begonnen, Leute rüsteten sich zur Auswanderung, und eine rückgängige Bewegung einzuleiten, paßte dem Grafen Castell nicht; er war gegen einen Anfang im Kleinen, wie von Waldeck empfohlen; ihm schwebte die Englisch-Ostindische Compagnie mit ihren pecuniären Erfolgen im Kopfe; er war auch schon dem Einflusse des Franzosen Bourgeois d'Orvanne mit dessen bombastischen Projekten erlegen. So mußte Boos-Waldeck's Rath unbeachtet bleiben, und nachdem in der General = Versammlung am 25. März 1844 Statuten angenommen waren, constituirte sich der Verein zum Schutze deutscher Auswanderer nach Amerika und Texas, unter welchem Namen durch herzoglich nassauisches Ministerial-Rescript vom 3. Mai 1844 dieser Verein genehmigt und bestätigt, d. h. incorporirt wurde. Der Verein bestand aus den folgenden einundzwanzig Mitgliedern: Herzog Adolph von Nassau, Herzog Bernhard Erich von Meiningen, Herzog August Ernst von Sachsen = Coburg, Prinz Friedrich Wilhelm Ludwig von Preußen, Fürst Günther zu Schwarzburg = Rudolstadt, Fürst Karl von Leiningen, Fürst Hermann von Wied, Fürst Ferdinand von Solms=

Braunfels, Prinz Franz von Colorado-
Mansfeld, Prinz Otto Vittor von Schön-
burg = Waldenburg, Prinz zu Solms-
Braunfels-Rheingrafenstein, Prinz Ale-
xander von Solms = Braunfels, Graf
Christian von Neu-Leiningen-Westerburg,
Graf Friedrich von Alt-Leiningen-Wester-
burg, Graf Vittor von Alt-Leiningen-
Westerburg, Graf Karl von Issenburg-
Meerholz, Graf Edmund von Hatzfeld,
Graf Karl Wilhelm Georg von Inn und
Knyphausen-Lutelsburg, Graf Armand
von Rennesse, Graf Karl Kurt von Castell,
Baron Paul.Szirnay.

Graf Boos Waldeck, dessen Rath für
Ankauf von Land und Besiedelung in be-
schränkten Grenzen nicht angenommen worben war, blieb dieser Neurorganisation fern.

Graf Castell war der anerkannte Leiter
des ganzen Unternehmens, in dem er vom
ersten Beginn ben thätigsten Antheil nahm.
Niemand war besser informirt über die
Entstehung und Entwickelung des Vereins;
seine Erklärung über den vorgesetzten Zweck
muß deßhalb als authentisch anerkannt
werben in der Schrift: „Die deutschen Ansiedelungen in Texas", Bonn, 1845.
Seite 4 erklärt er: (M. A., Seite 4.)

Daß am 25. März 1844 die Statuten
des Vereins in der General-Versamm-
lung angenommen, die Idee des Privat-
Ankaufs von Ländereien aufgegeben
und als Zweck, finanzielle Spekulation
ausgeschlossen, beschlossen wurde, den
nach dem Freistaat Texas auswandern-
den Deutschen Hülfe und Schutz zu ge-
währen; auch daß Graf Boos-Waldeck
aus dem Verein geschieden sei, weil er
mit der Colonisation in größerem Maßstabe nicht einverstanden gewesen sei.

Die Angelegenheiten waren schon 1843
so weit gediehen, daß ernstlich an einen
Land-Erwerb in Texas gedacht werden
mußte. Im Sommer 1843 stellte sich der
Franzose Alexander Bourgeois (d'Orbanne)
den Leitern des Vereins vor; er kam direkt
von Texas, hatte selbst einen Colonisations-Contract, konnte über Texas sprechen
wie ein Buch, erlangte durch seine Ge-
wandtheit das Vertrauen der Leiter des
Vereins, und am 19. September 1843

kaufte der Verein ihm seine Rechte (?)
contraktlich ab, wobei der Verein sich jedoch
vorbehielt, ben Contract in drei Monaten
zu ratifiziren oder zu verwerfen. d'Orbanne
hat dem Verein später vorgeworfen, daß
in der Zwischenzeit Boos-Waldeck beauf-
tragt wurde, einen Colonisations-Contract
direkt mit dem Präsidenten der Republik
Texas abzuschließen. Boos-Waldeck war
damals noch in Texas, und kehrte, wie
schon gesagt, im Januar 1844 nach
Deutschland zurück. Die Ratifizirung
wurde weiter verzögert, statt bis zum
19. Dezember 1843 abgeschlossen zu sein,
fand sie erst am 7. April 1844 statt, nachdem Waldeck's Empfehlung gescheitert und
er nicht mehr Mitglied des Vereins war.

Trotzdem der Verein sich also volle sechs
Monate Frist genommen hatte, scheint er
sich doch über die Tragweite des d'Orbanne'-
schen Colonisations Contracts nicht informirt zu haben. Dieser Contract ist vom
3. Juni 1842, und unter ihm mußten in
18 Monaten 400 Familien nach Texas
eingeführt sein; diese Frist lief also am
3. Dezember 1843 ab, ohne daß d'Orbanne
auch nur einen einzigen Colonisten eingeführt hatte, sein Contract war daher
schon am 3. Dezember 1843 verfallen.
Dazu kam noch, daß durch Gesetz vom
30. Januar 1844 alle Colonisations-Con-
tracte, deren Bedingungen nicht vollstän-
big ausgeführt waren, für erloschen erklärt und dem Präsidenten eine Verlängerung derselben zu Gunsten von Contraktoren verboten war. Demnach, als am
7. April 1844 der Verein den Kauf-Con-
trakt abschloß, hatte d'Orbanne keinerlei
Rechte mehr, die er übertragen konnte.

Dieser gewandte Franzose hatte sich jedoch
so angenehm zu machen gewußt, daß er
als Mitglied in ben Verein aufgenommen
wurde, und in der oft erwähnten General-
Versammlung vom 25. März 1844, als
Prinz Karl Solms-Braunfels zum General-
Agenten ernannt wurde, wurde ihm
d'Orbanne als Colonial = Direktor zur
Hülfe gestellt. Beide reisten im Mai 1844
nach Texas, um für Empfang und Beförderung der Auswanderer, die für den Herbst
1844 in Aussicht standen, die nöthigen

Vorbereitungen zu treffen. (M. A., Seite 5.)

In Texas angekommen, bemühte sich d'Orvanne durch den Präsidenten, dem er in Briefen vom 8. und 10. Juli 1844 seine Verdienste, seine Bemühungen in Frankreich und Deutschland, Colonisten für Texas anzuwerben, auseinander setzte, eine Verlängerung seines Contrakts zu erlangen; namentlich führte er zu seinen Gunsten sein Verhältniß zum Deutschen Verein an. Natürlich konnte dem Prinzen Solms der wahre Sachverhalt nicht mehr verheimlicht werden, und nachdem er sich in Texas orientirt, berichtete er an das Direktorium in Deutschland die mißliche Lage, in der er sich befand:*) Ankunft von Auswanderern in Aussicht und kein Land, dieselben zu plaziren. Mittlerweile war Henry F. Fisher aus Hessen-Kassel von Texas bei den Direktoren erschienen, und als Miteigenthümer des Fischer & Miller'schen Colonisations-Contrakts bot er denselben dem Verein zum Kauf an. Es ist schon früher erwähnt, daß Graf Leiningen sich mit dem Präsidenten der Republik auf einen Contrakt nicht einigen konnte; es mußte hier dazu gesetzt werden, daß damals, 1842, die Bemühungen des pp. Fischer dahin gingen, eine Einigung zu verhindern. Daß nach den Erfahrungen des Grafen Leiningen der Verein in unüberlegter Eile auf Fisher's Angebot einging, war ein ebenso großer Fehler als es der Ankauf d'Orvanne's Contrakt gewesen war.*) Am 24. Juni 1844 nahm man Fischer's Anerbieten an und unterzeichnete einen Vertrag, worin Fisher & Miller alle diejenigen Rechte, die sie durch ihren Contrakt besaßen, an den Verein übertrugen. Der Verein übernahm, die Auswanderer zu liefern und die Bedingungen des Colonisations-Contrakts zu erfüllen.

D'Orvanne wurde am 24. August 1844 benachrichtigt, daß er an demselben Tage aufgehört habe, ein Mitglied des Vereins zu sein, und daß seine Dienste nicht weiter gebraucht würden. Der Verein zahlte an Fisher & Miller ein Kaufgeld von ca. $9000 für einen Contrakt (M. A. Seite 5), wie ihn Graf Leiningen unentgeltlich hätte haben können, der aber von

ihm nicht für annehmbar gehalten wurde. Da dieser Kauf für den Verein verhängnißvoll wurde, so ist es nöthig, die Bedingungen des Contratts kennen zu lernen. Fisher & Miller hatten bereits in einer Eingabe vom 8. Februar 1842 um das Land zwischen den Flüßen Colorado und Llano gebeten; am 7. Juni 1842 schlossen sie mit Präsident Sam. Houston einen Contrakt ab, der jetzt in den Archiven als „Fisher & Miller's 1ter Contrakt" bezeichnet ist. Es ist nicht ersichtlich, auf welchen Grund hin zwischen denselben Contrahenten am 1. September 1843 ein neuer Contrakt: „Fisher & Miller's 2ter Contrakt", abgeschlossen wurde. Beide Contrakte sind wörtlich dieselben, nur daß im zweiten die Grenzen des Landes um ein Geringes erweitert wurden. Für Fisher & Miller lag der Vortheil des neuen Contrakts in der Verlängerung der Zeit; von den 18 Monaten, vom 7. Juni 1842 an gerechnet, in denen 200 Familien eingeführt werden sollten, waren nur noch 3 Monate übrig, also der Verfall des 1sten Contrakts in Sicht, da die Contraktoren noch keine Schritte gethan hatten, Auswanderer nach Texas zu leiten.

Der zu colonisirende Landstrich ist wie folgt begrenzt: Anfangend an der Mündung des Llano-Flußes in den Colorado, macht der Llano aufwärts die Grenze bis zum Ursprunge des südlichen Zweiges, dann nach Süden 50 Meilen, dann in der Richtung Nord 45 Grad westlich in gerader Linie bis zum Colorado, dann dem Laufe des Colorado folgend bis zum Anfangspunkte.

Innerhalb 3 Jahren müssen 600 Familien oder Männer über 17 Jahre alt eingeführt sein; davon ⅓ der Zahl im ersten Jahr; da aber die Einwanderer von Europa kommen sollten, so wurde diese Zeit für das erste Dritttheil um 6 Monate verlängert, und es wird den Contraktoren freigestellt, eine größere Anzahl einzuführen, wenn sie innerhalb eines Jahres davon Meldung machen. Diese Meldung war von Fisher & Miller am 9. Januar 1844 gemacht und die Zahl auf 6000 erhöht worden.

Die Contraktoren müssen das Land vermeſſen laſſen und regelmäßig in Quadrate von einer Meile im Gebiet (Sectionen) eintheilen und abgrenzen; der Staat reſervirt für ſich jede abwechſelnde Section (alſo wie ein Schachbret: ſchwarzes Feld für den Staat, weißes für Anſiedelung).

Wenn die Anſiedler ein Haus gebaut, wenigſtens 15 Acre eingezäunt und kultivirt und drei Jahre darauf gelebt haben, verpflichtet ſich die Regierung, der Familie 640 Acres (eine Section) und dem einzelnen Mann 320 Acres durch Patent zu übertragen.

Die Contractoren erhalten das Recht, von der Regierung einen Besitztitel für ſolch einen Theil des den Einwanderern verſprochenen Landes zu erlangen, als ſie ſich durch Privat-Contract mit jedem einzelnen Einwanderer geſichert haben; doch ſoll ſolcher Theil nicht mehr als die Hälfte des Landes betragen.

Für jede 100 Familien ſollen die Contraktoren 10 Sectionen Land und für jede 100 einzelne Männer 10 Halb-Sectionen Land erhalten.

Zur Zeit des Contrakts war das bezeichnete Land völlig unbekannt, bisher in ungeſtörtem Besitz feindlicher Indianer, über 300 Meilen von der Küſte und 150 Meilen von den Anſiedelungen. Die Regierung hatte keinen Schutz gegen die Indianer verſprochen. Der Verein mußte mit den Indianern entweder mit Gewalt oder durch Verhandlungen fertig werden, um Besitz vom Lande zu bekommen. Der Verein war weder reich, noch mächtig genug, die Bedingungen des Contrakts auszuführen. Vermeſſung und Anſiedelung von Land, das Niemand kannte, wohin keine Wege exiſtirten, das weder Agenten der Regierung, noch der Contraktoren je geſehen hatten, und das, wie ſich ſpäter herausſtellte, für eine Coloniſation im Sinne des Contrakts ungeeignet iſt, weil wenig gutes, kulturfähiges Land, und dann nur in kleinen Parzellen zerſtreut in dem contrahirten Territorium vorhanden iſt. Gutes Land innerhalb der Anſiedelungen konnte zu jener Zeit (1844) von 5 Cents bis 25 Cents per Acre gekauft werden, welches jetzt (1894) $15 bis $30 per Acre werth iſt. Graf Boos-Waldeck's

Ankauf, 4400 Acres, repräſentirt jetzt einen Werth von ca. $100,000, während das Colonie-Land noch heute durchſchnittlich nur $2 per Acre werth iſt.

Der Leichtſinn, mit dem das Direktorium dieſen Kauf abſchloß, iſt nicht zu begreifen; ohne Kenntniß des Landes, ohne die Schwierigkeiten zu erwägen, die mit Ausführung des Contrakts überwunden werden mußten, unbedingtes Vertrauen in Fiſher ſetzend, der als Verkäufer das größte Intereſſe hatte, ſo ſchnell als möglich zu verkaufen, ohne das Direktorium zur Beſinnung kommen zu laſſen. Die Bedingungen des Coloniſations-Contraktes ergaben, daß Fiſher & Miller kein Land zu verkaufen hatten, denn die darin enthaltenen Landverſprechungen waren an Bedingungen geknüpft, deren Ausführung für den Verein unmöglich war. Das Direktorium glaubte aber, von Fiſher & Miller Land gekauft zu haben, und verſprach in den Aufforderungen zur Auswanderung eine Landſchenkung von 320 Acres an jede Familie, und an 160 Acres an jeden einzelnen Mann. Unbegreiflich!

Ueber dieſen Kauf des Vereins ſagt der Verfaſſer des Senſations-Artikels in No. 128 des Auswanderer, Seite 7:

„Aus dieſem Dilemma helfen ihr die „zwei deutſchen Texaner Burchard Mil„ler und Henry F. Fiſher, der Letztere „der Bremer Conſul in Galveston. Sie „hatten eine große Landſchenkung zwi„ſchen dem Colorado und San Saba „unter der Bedingung erhalten, darauf „6000 Einwanderer anzuſiedeln u. ſ. w. „(man ſchlage den Paſſus auf Seite 7 „nach)."

„Dieſen ſo überaus günſtigen „Contrakt transferirten Fiſher & „Miller an die Mainzer Geſellſchaft ꝛc."

Daß der Contrakt nicht nur nicht günſtig, ſondern entſchieden ungünſtig für die Unternehmer war, habe ich im Vorhergehenden klar und deutlich nachgewieſen. Der Ankauf dieſes Contrakts war in erſter Linie das Verderben des Vereins. Dem Verein kamen Fiſher & Miller nicht zu Hülfe, ſondern ſie benutzten die Verlegenheit, in der ſich der Verein befand, dem-

selben Land zu verkaufen, worauf sie noch
keinerlei Anrechte erworben hatten, da sie
noch nicht das Geringste gethan hatten, die
Bedingungen des Contrakts zu erfüllen.

Fisher & Miller hatten schon am 7. Juni
1842 die Verpflichtung übernommen, in=
nerhalb 18 Monaten 200 Auswanderer
anzusiedeln; am 1. September 1843, als
bereits 15 Monate verflossen waren, ohne
noch einen Einzigen ansässig gemacht zu
haben, sie auch keine Schritte für Ver=
messung des Landes gethan hatten, gelang
es ihnen, durch einen neuen Contrakt Auf=
schub zu erhalten. Aber auch seit dem 1.
September 1843 hatten sie keine einzige Be=
dingung des Contraktes zu erfüllen auch
nur versucht, hatten keinen einzigen Dollar
dafür ausgegeben, und da sie bis zum
Februar 1845 200 Familien nach Texas
bringen mußten, um ihren Contrakt nicht
verfallen zu lassen, b. h. werthlos zu
werden, so hatten sie zur Zeit des Ver=
kaufs an den Verein, 24. Juni 1844, nur
noch 8 Monate und 6 Tage. Die Zeit
drängte, den Contrakt konnten Fisher &
Miller nicht mehr ausführen, da keine
Vorbereitungen von ihnen getroffen wa=
ren; so war denn vielmehr das Umgekehrte
der Fall, der Verein half durch den über=
eilten Kauf Fisher & Miller aus der
Klemme, deren Spekulation von Haus
aus auf Verkauf ihres Contrakts gerichtet
war, Geld dafür zu nehmen und die Aus=
führung von sich auf Andere abzuwälzen.

**Fisher & Miller machten ihr
Geschäftchen, der Verein be=
siegelte seinen Untergang.** (M.
A., Seite 6)

IV.

Die Unrichtigkeit des Artikels im Spe=
ziellen, mit Verweisung auf No.
128 und 129 des „Auswan=
derer.

Alle sich auf den sogenannten englischen
Einfluß beziehenden Aeußerungen über=
gehend, für deren Widerlegung auf nach=
folgenden Abschnitt verweisend, werde ich
dem Gange des Sensations=Artikels fol=

gend, besonders auffällige Stellen heraus=
heben, die der Wahrheit nicht entsprechen.
No. 128, Seite 7. Es ist unrichtig,
wenn der Verfasser sagt:

„Bei der ersten Expedition war der
„Zudrang so groß, daß jedem Aus=
„wanderer 100 Gulden Prämie für das
„Privilegium, schon an dieser Theil
„nehmen zu dürfen, gezahlt wurden.“

Eine solche Prämie wurde nie gezahlt
oder angenommen. Es ist eine durchaus
falsche Auffassung, daß Henry F. Fisher
und Burchard Miller dem Verein aus
einem Dilemma halfen und daß ihr Con=
trakt ein überaus günstiger war. Daß
das gerade Gegentheil der Fall war, ist
bereits im vorigen Abschnitt nachgewiesen
worden.

Es ist falsch, von einer großen L a n d=
s ch e n k u n g zwischen dem Colorado und
San Saba zu sprechen, eine Landschen=
kung war überhaupt nicht vorhanden; das
Contrakt=Land liegt zwischen Colorado
und Llano und schließt das ganze Fluß=
gebiet des San Saba ein.

Seite 8:

„Darauf ging es an's Bauen. Das
„erste Haus war natürlich für den
„Prinzen bestimmt; es war ein zwei=
„stöckiges Blockhaus.“

Ein solches Haus war zur Zeit des
Prinzen Solms niemals gebaut und auch
später nicht, wenigstens nicht zweistöckig.
Es waren vielmehr armselige Jakals im
mexikanischen Stiel. Am Schluß des
Artikels in No. 129 wird dieses Haus
sogar als Schloß „Sophien=Ruh“ bezeich=
net. Es scheint während des Schreibens
seines Artikels ist das Gebäude in der
Phantasie des Verfassers zu einem Schloß
aufgewachsen.

Seite 9:

„Das Schlimmste aber. bei diesem
„Vorgehen der Gesellschaft war, daß
„die Kolonisten anfingen, in den Tag
„hineinzuleben. An Arbeit wurde nicht
„gedacht; getrunken, gesungen und ge=
„spielt wurde den ganzen Tag 2c. Ein
„großer Theil der Einwanderer ver=
„geudete so das ganze hinterlegte Ver=
mögen.“

Noch heute wird im „Auswanderer" und in anderen Schriften gegen die Einwanderung von Personen aus den gebildeten Ständen Deutschlands gewarnt und mit Recht gewarnt auf Erfahrungbegründet. Gleiche Ursachen, gleiche Wirkungen! Es waren eben unter den Tausenden von Einwanderern eine sehr große Zahl für beschwerliche körperliche Arbeiten ganz ungeeignete Persönlichkeiten vorhanden; deren Unzulänglichkeiten dem Verein zur Last zu legen, geht denn doch zu weit. Das waren ja persönliche Eigenschaften der Einzelnen, worüber der Verein selbstverständlich auch nicht die geringste Controlle hatte. „Zum Arbeiten bin ich nicht nach Texas gekommen"; oder: „wenn ich arbeiten wollte, hätte ich in Deutschland bleiben können"; dergleichen Reden schwirrten durch die Luft. Solche Leute waren natürlich unzufrieden, sie wollten auf Kosten des Vereins bummeln, während Andere die Hülfe des Vereins annahmen, um zu erreichen, wofür f i e nach Texas gekommen waren, sich eine Heimath zu gründen, und arbeiteten auf dem ihnen vom Verein geschenkten Lande, Hülfe annehmend und sich in die Verhältnisse fügend, die nicht zu ändern waren.

Es ist unrichtig, zu sagen:

„Bis heute ist noch nicht ein Cent „von dem Gelde zurückgegeben worden."

Der Verfasser sagt ja selbst: „Ein großer Theil der Einwanderer vergeudete das hinterlegte Vermögen." Wie konnte dieser große Theil etwas vergeuden, wovon er keinen Cent erhielt? Zu behaupten, was man im nächsten Satz selbst widerlegt, zeigt so recht, wohin es führt, wenn man von der Wahrheit abweicht.

Ferner Seite 9:

„Die Colonie wurde vom Prinzen „regiert, dem ein von der Gesellschaft „ernanntes Ministerium zur Seite „stand."

Es ist schon erwähnt, daß der Verein den Franzosen d'Orvanne als Colonial-Direktor dem Prinzen zur Seite stellte, und auch wie derselbe summarisch beseitigt wurde. Daß Henry F. Fisher es versuchte, sich überall in die Geschäfte des Vereins zu mischen, geschah in seinem eigenen Interesse; als der böse Geist des Vereins suchte er überall seinen Vortheil aus den Vereins = Angelegenheiten zu ziehen. Der Prinz mag sich mit Rathgebern seiner Wahl umgeben haben; nachdem d'Orvanne beseitigt war, ließ das Direktorium ihm freie Hand. Ein „M i n i s t e r i u m", es ist zum Lachen; was war denn da zu regieren? doch nicht die Eingewanderten, die thun und lassen konnten, was sie wollten, als freie Leute in einer freien Republik. Zur Ausgabe von täglichen Rationen an Fleisch, Korn, Speck, Mehl, Salz u. s. w. war doch ein Ministerium nicht von Nöthen.

„Der Tag kam endlich, an dem sich „die Bewohner von Texas für oder „gegen Einverleibung (in die Vereinig-„ten Staaten) erklären sollten; selbst „die Einwohner von New Braunfels „sprachen sich für Einverleibung aus. „Prinz Solms fühlte sich so geschlagen, „daß er bald darauf sein Amt nieder-„legte und nach Deutschland zurück-„kehrte."

Absichtlich sind die Zeiträume durcheinander geworfen, um dem unaufmerksamen Leser den Zusammenhang seiner Abdankung mit der Annexation plausibel zu machen, während ein solcher Zusammenhang gar nicht existirte. Nachdem schon am 24. Februar 1845 sein Nachfolger vom Direktorium in Deutschland ernannt war, reiste Prinz Solms Ende April 1845 von New Braunfels ab; am 5. Mai 1845 erließ der Präsident der Republik Texas eine Proklamation zur Wahl von Deputirten, die am 4. Juli 1845 in Austin zur Convention zusammentreten sollten, um eine solche Constitution für Texas zu entwerfen, welche die von den Vereinigten Staaten gestellten Bedingungen annimmt. Diese Convention gab am 4. Juli 1845 die verlangten Erklärungen ab, worauf am 29. Dezember 1845 die Aufnahme von Texas in den Staatenbund stattfand. Die Gründe seines Abganges waren finanzieller Natur, sein Nachfolger in der Person Meusebach's am 24. Februar 1845 ernannt, kam im April 1845 in New Braunfels an, nach=

dem Prinz Solms schon abgereist war. Die völlige Unordnung. in der sich die Rechnungen befanden, nöthigten Meusebach, sofort dem Prinzen nachzureisen; er fand ihn auch in Galveston, von einigen ängstlichen Creditoren des Vereins unter attachment festgehalten, und es blieb nur übrig, ihn mit seinen (Meusebach's) für den Vereinsdienst mitgebrachten Mitteln zu lösen. (M. A., Seite 11.)

Diese Zustände, Ansprüche von allen Seiten, kein Geld, dieselben zu befriedigen, während immer noch neue Forderungen an ihn gestellt wurden, waren genug, den Prinzen von der Stellung zu treiben, die mit von Tage zu Tage sich vergrößernden Unannehmlichkeiten verbunden war. Es war einfach die finanzielle Noth, der zu entgehen den Prinzen veranlaßte, Texas, fast möchte man sagen übereilt, zu verlassen.

Daß übrigens New Braunfels für Einverleibung in die Union stimmte, wie ja auch ganz Texas that, hatte seinen Grund in der Ungewißheit, in der sich Texas damals Mexito gegenüber befand. Mexito hatte die Unabhängigkeit von Texas nie anerkannt und rüstete sich zum Kriege für die Rückeroberung. Alle Bemühungen von Texas, England und Frankreich zu veranlassen, eine Verständigung mit Mexito herbeiführen zu helfen, waren fehlgeschlagen. Kam es zum Kriege, so war das Ende desselben in weiter Ferne; Mexito war ein mächtiger Feind; wenn es nach langen Vorbereitungen in Texas einfiel, würden die westlichen Landestheile fast ohne die Möglichkeit erfolgreichen Widerstandes von den Mexitanern eingenommen werden. Diesen ersten Anprall würden die französischen Colonisten unter Castro und die Deutschen unter dem Verein auszuhalten haben, ehe Texas durch erwarteten Zuzug von Freiwilligen aus den Vereinigten Staaten eine widerstandsfähige Armee schaffen konnte.

Im Jahre 1842, als Graf Leiningen mit Präsident Samuel Houston verhandelte, bestanden Colonisations-Kontrakte mit Castro d'Orvanne und Fischer & Miller. Castro nahm die Gegend westlich von San Antonio vom Frio-Fluß nord-

wärts, d'Orvanne schloß sich nördlich und westlich an Castro; Fischer & Miller vom Colorado südlich bis zum Llano, und die Gegend zwischen d'Orvanne und Fischer & Miller wurde Leiningen angetragen, der aber lieber Land weiter im mittleren Texas haben wollte, worauf ihm beschieden wurde, daß ihm kein anderer Landstrich angewiesen werden könne, als zwischen Orvanne und Fischer & Miller. — Also die Gegend westlich von San Antonio, Colorado im Norden und Frio im Süden wurde für Europäische Einwanderer überwiesen, während die Amerikaner die östlichen und nördlichen Landestheile erhielten.

Es war gewiß nicht bloß Zufall, sondern die reinste Strategie, daß der Präsident von Texas, General Sam Houston, den Europäischen Einwanderern den Westen von Texas überwies, während die Kolonisation des östlichen und nördlichen Landes den Amerikanischen Kompagnien überlassen wurde. — Krieg stand in Aussicht und der Anschluß an die Vereinigten Staaten erschien als die einzige Rettung, was Wunder, daß ganz Texas dafür war, wodurch der Krieg mit Mexito, unausbleiblich wie er war, sofort von dem Staate Texas auf die Vereinigten Staaten überging.

„Die Gesellschaft glaubte in Baron „Otto von Meusebach einen geeigneten „Nachfolger für Prinz Solms gefunden „zu haben. Er stammte von jenem pom„merischen Landmanne ab, der Karl XII. „von Schweden auf dessen Flucht von „der Türkei mit Geld und Mittel versah, „um nach Schweden zurückzukehren, „wofür er dann später geadelt wurde."

Sehr phantasiereich! aber unwahr! Nicht als ob die Abstammung von einem biederen hinterpommerschen Landmanne anstößig wäre, sondern nur als ein Beweis, wie der Verfasser des Tendenz-Artikels seinen Lesern Fabeln vorflunkert und dadurch die historische Treue verletzt, auf die er Anspruch macht, — sei hier erwähnt; daß Otfried Hans Freiherr von Meusebach, der Nachfolger des Prinzen Solms — naturalisirt in 1845 als Bürger von Texas und durch Annexation Bürger der Vereinigten

Anhang.

(Aus der New Orleans Deutschen Zeitung vom 13. Juni 1895.)

An die New Orleans Deutsche Zeitung!

In Ihrer Ausgabe vom 5. Mai 1895 in dem Artikel über das 50jährige Jubiläum der Stadt Neu-Braunfels ist derselbe Irrthum wiederholt, daß England die deutsche Einwanderung nach Texas veranlaßt hat, daß der Adelsverein nur als Handlanger der englischen Regierung diente. In dem von mir herausgegebenen Pamphlet: „Kritik" u. s. w., wovon ich eine Copie hiermit überreiche, habe ich aus den Staats-Archiven nachgewiesen, daß dieser sogenannte englische Einfluß eine aus der Luft gegriffene Erfindung ist. Zu den in der „Kritik" nachgewiesenen Irrthümern enthält Ihr Aufsatz noch andere Flunkereien (!), die der Beleuchtung bedürftig sind. Insbesondere wird Prinz Solms, der Gründer von Neu-Braunfels, sehr unglimpflich behandelt, was jedenfalls bei einem Jubiläum der von ihm gegründeten Stadt durchaus nicht angebracht ist.

Daß Graf Castell (Kritik Seite 9 und 11) der eigentliche Leiter, die Triebfeder, oder meinetwegen die Seele des Vereins war, kann nicht abgeläugnet werden, während Prinz Solms nur ein Beamter des Vereins, als General-Commissär den Anordnungen des Direktoriums in Deutschland unterworfen, nicht Seele, sondern ausführende Hand war. Es ist weit hergeholt, den Adelsverein als Handlanger Englands damit begründen zu wollen, daß Prinz Solms, ein Aktionär und Beamter des Vereins, ein Vetter der Königin Victoria und auch des späteren deutschen Kaisers Wilhelm des Ersten war. Prinz Solms gehörte zu dem erst Ende des 17. Jahrhunderts gefürsteten Geschlecht der Grafen Solms und gehörte nach deutschem Lehnsrecht nicht zum hohen Adel. Die durch die spätere Verheirathung seiner Mutter mit dem Könige von Hannover erlangte Verwandtschaft brachte ihn in politischer Beziehung nicht näher zu England als vorher, und das ist doch, wohin Ihr Korrespondent zielt. Die Verwandtschaft mit Kaiser Wilhelm ist noch weiter hergeholt; von einer Vetterschaft im eigentlichen Sinne kann gar nicht die Rede sein.

Prinz Solms kehrte in 1845 nach Deutschland zurück und bald darauf gab er ein Buch heraus: „Texas mit besonderer Rücksicht auf die deutsche Colonisation, von Carl, Prinzen zu Solms-Braunfels; Verlag von Johann David Säuerländer, Frankfurt am Main, 1846."

Dieses Büchelchen spiegelt den Charakter des Prinzen ab; es zeigt, daß er nicht blos von dem Streben beseelt war, das Beste für die Einwanderer zu leisten und zu erreichen, sondern auch, daß er die damaligen Zustände in Texas als scharfsinniger Beobachter erkannte und in humaner und umsichtiger Weise zum Besten der Einwan-

derer zu verwerthen suchte. Daß er sich
wenig um seine Schutzbefohlenen kümmer-
te, ist vollständig unrichtig. Ebenso unrichtig ist es, daß er Verträge mit den Indianern machte, wozu er gar keine Gelegenheit hatte, da er mit Indianerstämmen
nie in Berührung kam. Ueber die Indianer erzählt Prinz Solms in seinem Buche
von den Banden, die das Land durchzo-
gen, stehlend und auch mordend, nachdem
sie eine womöglich gefahrlose Gelegenheit
dazu erspäht. Zum Schutze gegen solche
Banden organisirte Prinz Solms eine
Schutztruppe (von seinen Anfeindern Leib-
wache genannt). Durch Abfeuern einer
Lärm-Kanone Morgens und Abends wurden die herumlungernden Indianer daran
erinnert, daß Wache gehalten wird.
Manche Nacht, während seine Schutzbefohlenen schliefen, patrouillirte Solms allein in der Umgebung der Niederlassung.
Dieser Wachsamkeit, welche natürlich von
den indianischen Spähern bemerkt wurde,
ist es wohl zuzuschreiben, daß während in
der Umgegend die Indianer ihr Unwesen
trieben, die Neu-Braunfels-Niederlassung
nie belästigt wurde. Als ein deutscher
Offizier, der sich nur für kurze Zeit in
Texas aufhielt, kann man sein Vorurtheil
für Uniform und Ordenssterne wohl über-
sehen; damit ist er doch Niemanden zu
nahe getreten, noch lag darin eine Ver-
letzung seiner Pflichten den Einwanderern
gegenüber.

Das bereits von mir kritisirte Geschwätz
(Kritik Seite 17 und 20) von der Beihülfe
der Ranger, sowie die Verbindung des
Abganges des Prinzen von Texas mit der
Annexation an die Vereinigten Staaten
ist hinreichend widerlegt (Kritik Seite 15).

Austin, Texas, 6. Juni 1895.

W. v. Rosenberg.

————o————

(Aus dem „Fredericksburger Wochenblatt".)

Die seiner Zeit im „Wochenblatte" von
uns verheißene Besprechung der
„Kritik der Geschichte des Vereins zum
Schutze der deutschen Auswanderer nach
Texas" von W. v. Rosenberg erfolgt we-

gen vielfacher Abhaltungen und Ueber-
häufung mit Geschäften erst heute, — in-
dessen besser spät als gar nicht.

Herr von Rosenberg in Austin, der
Verfasser des in derselben Stadt im Jahre
1894 gedruckten Büchleins: „Kritik der
Vereinsgeschichte", wie sie im „Auswanderer" vom Jahre 1894 vorgetragen ist,
hat auch die eidliche Aussage des ehemaligen Generalcommissarius des Vereins in
einem Prozeß vor der District Court von
McCulloch County erzwingen lassen.

Dadurch, und mehr noch durch seine eigene Schrift, hat er sich das Verdienst erworben, zur Aufklärung der Vereinsgeschichte wesentlich beigetragen zu haben.

Nachdem ein halbes Jahrhundert ver-
gangen ist, wäre wohl das Interesse an
den alten Geschichten ganz erstorben gewesen, wenn nicht zuerst im Jahre 1891, am
15. Juli, unter dem Titel „Aus der Geschichte der deutschen Einwanderung in
Texas" und wiederum im Jahre 1894, am
15. März, wörtlich derselbe Artikel unter
dem Titel „Was Texas für den deutschen
Auswanderer bedeutet" im „Auswanderer" publizirt worden wäre; eine Darstellung, welche von absichtlichen und unab-
sichtlichen Irrthümern wimmelt und welche
die Runde durch alle Zeitungen gemacht
hat.

Der Gerechtigkeitssinn des Verfassers
ließ es nicht zu, die auf die deutschen Fürsten gehäufte Schmach und falschen Anschuldigungen ungeahndet hingehen zu lassen, — „wenn es auch nur deutsche Fürsten sind", wie der Verfasser der „Kritik"
Seite 27 sehr sarkastisch sich ausdrückt —,
und sein gründliches und gewissenhaftes
Studium der Akten und Staatsarchive
setzte ihn in den Stand, die unrichtig vor-
getragenen Thatsachen und Behauptungen
auf unanfechtbare Weise und dokumentarisch zu widerlegen.

Da sein eigener Onkel, Ernst von Rosenberg, einer der ersten deutschen Ansiedler in Texas war und später als merika-
nischer Artillerie-Oberst nach dem Fall des
Kaisers Iturbide erschossen wurde, hatte
er noch ein persönliches Interesse an der
Geschichte der deutsch-texanischen Emigration.

Das Heftchen ist mit besonderem Fleiß und Gründlichkeit verfaßt, mit gewandter Feder geschrieben, und während die Irrthümer des Vereins nicht verschwiegen sind, werden doch die falschen Beschuldigungen auf das Entschiedenste zurückgewiesen.

Kritisiren ist leichter als besser machen, — sagt ein altes Sprichwort. — Unserer Ansicht nach hätte sich aber das gutgemeinte Unternehmen des Vereins günstiger für alle Betheiligten stellen können.

Es war ein glücklicher Griff, dieses herrliche Land zum Kolonisationsfelde auszuwählen zu einer Zeit, wo Texas noch im Norden der Vereinigten Staaten in üblem Geruch stand und Landspekulanten von dort es kaum wagten, hier Concurrenz zu machen oder Capitalien anzulegen.

Der Verein hatte es gewagt, und es war das passendste Feld und die passendste Zeit, die Deutschen auf einen Punkt massenhaft zu versammeln, während sie in den übrigen Staaten der Union damals noch sehr zerstreut und einflußlos lebten. (Das hat sich nach dem deutsch-französischen Kriege schnell geändert.)

Vor 50 Jahren, ehe noch Deutschland als einiges Reich an eigene Kolonien (im dunkelen Welttheil) denken konnte, wäre der Traum des Grafen Castell, dem immer die pekuniären Erfolge der Ostindischen Compagnie vor Augen schwebten, und ebenso die geträumten Millionen zur Wahrheit geworden, — wenn der Verein von der Küste aufwärts an der Route nach dem eigenen „Grant“ auf gekauftem guten Ackerland (Kritik, Seite 20) von 20 zu 30 Meilen Städte angelegt und nicht mehr als 100, höchstens 200 Familien jedes Jahr eingeführt und auf eigenem Land und eigenem Grant, wie er dem Grafen Leiningen (viel besser als Miller & Fisher’s Grant) vom Präsidenten Sam Houston umsonst angeboten worden war, — ohne alle Ueberstürzung oder Uebereilung —, angesiedelt hätte.

Dazu hatte er die Macht, den Einfluß und die Mittel, wie kein anderer Verein vorher oder nachher.

Die Eisenbahnen wären gezwungen gewesen, diesen direkten Weg nach El Paso und Californien zu nehmen und sämmtliche angelegte Städte zu passiren.

Das natürliche, aber rapide Steigen des Landwerthes hätte beide, den Verein und die Emigranten, ohne große Mühe reich gemacht.

Staaten unter dem Namen John O. Meusebach, — seine Vorfahren in den Sächsischen Landen zu suchen hat. — In dem ältesten gedruckten deutschen Geschichts= werk, dem „Sachsen=Spiegel", sind bei Erwähnung der Schlacht an der Saale (in der Nähe der jetzigen Stadt Merse= burg), wo die Magyaren von Kaiser Hein= rich, dem Finkler, im Jahre 933 aufs Haupt geschlagen wurden, sämmtliche sächsische Ritter, welche an der Schlacht theilnahmen, oder wegen Verwundung nicht theilnehmen konnten, — einzeln und mit Namen aufgeführt. Darunter be= findet sich auch der Name der Vorfahren, um welche, merkwürdiger Weise, der Tendenz=Artikel=Schreiber sich beküm= mert. Karl XII. kam auf seiner Flucht von der Türkei 1712 in Stralsund an, also über sieben Jahrhunderte später als die Schlacht bei Merseburg stattfand.

„Fischer wurde nach New Orleans „gesandt, man wollte ihn aber dort für „die Gesellschaft keinen Credit eröffnen."

Ist unrichtig. Fischer wurde nie nach New Orleans für den Verein geschickt, das wäre den Bock zum Gärtner gemacht.

Das Wischi=Waschi von den helfenden Händen der Texas=Ranger zeigt so recht, wohin man gelangt, wenn man auf der Straße aufgelesene Nachrichten oder werth= loses unverbürgtes Geschwätz für baare Münze nimmt. Man bedenke doch, daß eine Kompagnie Ranger aus 30 Köpfen bestand, daß die Republik Texas mit Schinnplaster (entwerthetes Papiergeld) bezahlte, daß die Ranger ohne Commis= sariat ins Feld gegen die Indianer gestellt waren, in Gegenden, wohin keine Wege führten, daß die Ranger gezwungen wa= ren, ihren Proviant auf Packthieren mit sich zu führen, daß sie für Fleisch auf zu erlegende Hirsche angewiesen waren. Nun da die Ranger gute Jäger waren, mag es ja sein, daß sie manchmal der gerade zu= fällig angetroffenen deutschen Einwande= rer eine Hirschkeule schenkten oder verkauf= ten, wenn sie ein paar übrig hatten. Wo aber von dem Verein täglich, an allen Plätzen zusammen, von zwei= bis fünf= tausend reguläre Rationen ausgegeben

wurden, ist es lächerlich, über ein paar Hirschkeulen solch Aufhebens zu machen. Die Ranger sind ja ganz nette Leute, die für ihre Heimath freiwillig gegen die In= dianer standen, und Hays, McCulloch, Highsmith und Burleson sind eben ihrer Liebenswürdigkeit und Freigebigkeit wegen zu Führern erwählt worden, sie waren aber keine reichen Leute, um aus eigenen Mit= teln für die Einkäufe der Einwanderer sich zu verbürgen, sie hatten schon genug zu sorgen, die Leute der eigenen Kompagnie zu erhalten. Diese ganze Darstellung der Hülfe durch die Ranger ist aus der Luft gegriffen und soll augenscheinlich nur dazu dienen, die von dem Vereine gelieferten Lebensmittel als unbedeutend erscheinen zu lassen; ungenügend mögen sie ja manch= mal für einzelne Tage gewesen sein, aber die paar Hirschkeulen von den Rangern und von den Indianern, so angenehm sie dem einzelnen Empfänger waren, haben nicht dazu beigetragen eine Population von über tausend Menschen am Leben zu er= halten.

Nun zu No. 129 des „Auswanderer", Seite 7:

„Die Zeit, die von der Republik für „die Niederlassung der ersten 200 Fami= „lien zugestanden war, nahte ihrem „Ende und die Gesellschaft hätte im Falle „der Nichterfüllung einen nicht zu redres= „sirenden Verlust gehabt."

Ist unrichtig: die Zeit nahte nicht ihrem Ende, sie war durch Gesetz vom 29. Jan. 1845 bis zum 1. März 1846 ausgedehnt worden. Uebrigens war die Einführung der benöthigten Anzahl bereits Ende 1844 geschehen, durch Prinz Solms die Einwan= derer ins Land geführt und bei New Braunfels auf getauftem Boden ange= siedelt.

Seite 7:

„Unter solchen Umständen mußte daher „Meusebach eiligst an die Arbeit gehen, „und er beschloß, den vom Prinzen „Solms ausgearbeiteten Plan zur Er= „richtung von Stationen zur Ausfüh= „rung zu bringen." (M. A., Seite 23.)

Ist unrichtig. Es war gar kein Plan vom Prinzen ausgearbeitet. Jeder ver=

nünftige Mensch mußte sich nach Betrach-
tung der hiesigen Verhältnisse sagen, daß
man mit solchen Menschenmassen (Familien) nicht in die von feindlichen Indianern wimmelnden Gegenden eindringen
konnte, und daß es der Halte-Plätze
unterwegs bedürfe, um Stützpunkte für
weiteres Vordringen zu gewinnen. Die
spanische Militärstraße von San Antonio
nach Nacogdoches bildete damals die
äußerste Grenze der Ansiedelungen. Nord-
westlich darüber hinaus ist Prinz Solms
niemals gekommen. Er legte New Braunfels am Uebergang dieser Straße über den
Guadalupa-Fluß sehr passend aus. Es
scheint, der Schreiber dieses Sensations-
Artikels, nachdem er Solms beseitigt, will
es erscheinen lassen, daß sein Nachfolger
nicht nach eigenem Urtheil und Ermessen
vorgehen konnte, sondern sich nach ander-
weitig ausgearbeiteten Plänen richten
mußte.

Seite 7:

„Meusebach kaufte alle unabgemesse-
„nen Ländereien, die in der Nähe der
„neuen Ansiedelung erhältlich waren,
„auf und wies sie den Kolonisten an
„als das Land, welches ihnen von der
„Gesellschaft früher versprochen war.
„Aber das ganze Land wurde bald da-
„rauf von einem Amerikaner auf Grund
„einer alten spanischen Landschenkung
„reklamirt. Die Ansiedler waren nicht
„geneigt, auf einen langen und fetten
„Prozeß einzugehen, sie boten dem Ame-
„rikaner einen Vergleich an, der auch
„angenommen wurde, und so kam es,
„daß sie für ihr Besitzthum zweimal
„bezahlen mußten.“

Dieser Passus scheint Thatsachen zu er-
zählen und zwar solche, deren Wahrheit
leicht festzustellen ist, und doch hat es der
Verfasser nicht der Mühe werth gehalten, den Thatbestand zu ermitteln, sondern
läßt seiner Phantasie den gewöhnlichen
Spielraum. Der Thatbestand ist folgender:

1) Meusebach wies den Kolonisten in
Friedrichsburg nicht das Land als solches
an, was ihnen früher von der Gesellschaft
versprochen war. — Sie behielten
ihren Anspruch an dem Kolo-

nieland ungeschmälert, welches
ihnen auch später von der Regierung unter
Gesetz vom 20. März 1848 gegeben wurde.
Die Stadt-Baustellen und Zehn-Acker-
Stücke wurden den Einwanderern als einst-
weilige Heimstätte zur Entschädigung für
verzögerte oder unmögliche Beförderung
in das von den Indianern innegehaltene
Kolonieland — umsonst, — ohne
Bezahlung angewiesen, d. h. ge-
schenkt; ebenso wie Prinz Solms ähnliche Heimstätten in New Braunfels ausgelegt und im Namen des Vereins ge-
schenkt hatte.

2) Das Land wurde nicht von einem
Amerikaner auf Grund einer alten spanischen Landschenkung reklamirt. Es war
keine spanische Landschenkung
vorhanden, wie im General-Land-
Amte zu Austin leicht zu ermitteln war.

3) Es wurde nicht das ganze Land
in Anspruch genommen, sondern nur ein
kleiner Theil, der angeblich über
die südlich angrenzenden Lokationen über-
griff, was übrigens nur ein Vermessungsfehler und auch nicht vollständig bewiesen
war. Der umsonst vertheilte Landcomplex
enthält über 10,000 Acres, während der
Vermessungsfehler kaum ein paar hundert
Acres betrug und es war auf ein großen
Ganzen durchaus keinerlei Anspruch von
irgend Jemand erhoben, vielmehr hat der
Staat durch Ausgabe von Patenten den
Besitztitel endgiltig festgestellt

4) Die Kolonisten bezahlten nicht,
also auch nicht zweimal für ihr
Land; zuerst hatten sie es vom Verein
umsonst bekommen, und des Amerika-
ners Anspruch auf ein paar hundert Acres
über den ganzen Complex auszudehnen, ist
eine absichtliche Entstellung der Wahrheit.

Ferner auf Seite 7, — vom General-
Commissär sprechend:

„Natürlich ist es, daß er genügend
„Geld und Lebensmittel für sich selbst
„reservirt hatte; die Kolonisten hielten
„es für schändlich, daß er in Luxus und
„Ueberfluß lebe — die unzufriedenen
„Stimmen wurden laut und nahmen
„zuletzt solch drohenden Ausdruck an, daß
„er es vorzog, den Ort zu verlassen und

„auf der Farm Nassau seine Person in
„Sicherheit zu bringen."

Dies enthält soviele Unrichtigkeiten als Worte und ist darauf berechnet, ohne allen Beweis bei dem Leser ein Vorurtheil gegen Herrn Meusebach zu erwecken. Es ist Alles was da von genügend Geldreserviren (wo kein Geld vorhanden war), wie „in Luxus und Ueberfluß leben" — rein erstunken und erlogen. Der Vereinstisch, an dem die sämmtlichen unverheiratheten Beamten und Clerts theilnahmen, war gerade so einfach bestellt, wie es die Farmer zu damaliger Zeit gewohnt waren, so daß eine gelegentliche Zuthat von Zwiebeln zum beef steak als Leckerei betrachtet wurde. — Für den Herbst 1845 war ein großer Zug Einwanderer angesagt; das Direktorium versäumte aber Meusebach mit Geld für deren Weiterbeförderung zu versehen; so reiste er im November 1845 nach Galveston, um für Ausschiffung und Beförderung zu sorgen, welches keine kleine Aufgabe war, da er kein Geld in Händen und ein Kredit erst vermittelt werden mußte. Meusebach ging gar nicht nach Farm Nassau, sondern nach Galveston. Von November bis März, 5 Monate, war er mitten unter der großen Masse neuangekommener Emigranten beschäftigt, die Ausschiffung, Unterbringung, Verpflegung und Beförderung, resp. Verschiffung nach Indianola zu überwachen, da es nothwendig wurde, die Masse der Menschen auf zwei verschiedenen Wegen, von Galveston und Indianola aus, ins Land zu befördern; daß sieht doch nicht nach Flucht oder Furcht vor den Emigranten aus. Er war immer dort, — wo er nach seiner Ansicht, am nöthigsten war. Im Februar ging er nach New Orleans, um Geld zu borgen, kam am 12. Februar zurück, ging im März nach Houston und erst im April 1846 nach Farm Nassau. (M. A., Seiten 19, 22, 25.) Von dort aus versuchte er von den reichen Plantagen-Besitzern am Brazos und Colorado und den deutschen Farmern in Austin County Korn und Fuhrwerk aufzutreiben, um solches nach Indianola und New Braunfels zu senden, so daß Farm Nassau nur als Absteige-Quartier benutzt und der ganze Aufent-

halt daselbst nur ein paar Wochen betrug. Von Nassau schrieb er an den Rechnungsführer und zugleich stellvertretenden Direktor v. Coll: „er möge immerhin alle „Schuld auf den abwesenden General-„Kommissär schieben, wenn dadurch der „offene Ausbruch des Bankerotts vermie-„den und der Untergang des ganzen Unter-„nehmens verhindert werden könne." —

Angesichts dieser Thatsachen ist die Beschuldigung „seine Person nach der Farm Nassau in Sicherheit gebracht zu haben" — eine vollständige Unwahrheit, die ein Artikelschreiber vom Anderen ohne Prüfung abgeschrieben hat, obgleich er sich darüber von Meusebach selbst die Wahrheit hätte einholen können. (Meusebach lebt noch heute, seine Adresse ist: John O. Meusebach, Loyal-Valley, Mason County, Texas.)

Noth unter den Einwanderern war überall; er war gerade so in Mitte aufgeregter Einwanderer in Nassau, als er in Galveston und Houston war oder zu derselben Zeit in New Braunfels oder Indianola hätte sein können.

Weiter auf Seite 7 läßt sich der Verfasser durch seine Tendenz (Absicht), dem Vereine und dessen Beamten etwas anzuhängen — zu einer ungeheuerlichen Anklage gegen die ganze deutsche Emigration hinreißen. Es muß entschieden in Abrede gestellt und als absichtliche Entstellung der Wahrheit gebrandmarkt werden, daß in New Braunfels oder Indianola solche Sachen vorgekommen sind. Theo. Müller in Indianola, v. Coll und Klappenbach in New Braunfels, Direktoren an den verschiedenen Plätzen waren rechtlich denkende und nicht, wie der Verfasser behauptet,

„ganz gewissenlose Personen."

Es wäre ja möglich, daß in Friedrichsburg, wo die Anfangs beliebte, nach und nach zu einer Günstlings-Wirthschaft sich entpuppende Verwaltung oder Mißverwaltung Schubert's (einer von Henry F. Fisher als Arzt sowohl wie als Kolonisator empfohlenen Person, dessen wahrer Name sich als Struhberg herausstellte), die den Hauptgrund zu seiner Absetzung gab — es wäre ja möglich, daß einzelne

Fälle von Begünstigung aus den angeführten Gründen stattgefunden hätten. Aber die Verallgemeinerung, der Vorwurf allgemeiner Immoralität, die Verdächtigung des Charakters der gesammten deutschen Einwanderer, die zumeist aus Landleuten und Ackerbauern, gerade dem besten und bravsten Element der deutschen Auswanderer bestand — ist eine schändliche Verläummdung.

Seite 8:

„In New Braunfels lebten die Ansiedler von Disteln und wildem Salat."

Lächerlich: gewiß wurden von Gemüse-Liebhabern und Anderen allerlei Surrogate entdeckt und genossen. Aber wenn nicht Tausende von Buscheln Korn und Tausende von Pfunden Fleisch geliefert worden wären, wie die Rechnungen ausweisen, würden die Ansiedler wohl schwerlich ihr Leben mit Disteln und Salat gefristet haben. Die Disteln und Salat gehören in dieselbe Kategorie wie die Hirschkeuten der Ranger und Indianer, und die Wurzeln und Eicheln Seite 7, obgleich es ja wirklich eßbare Wurzeln und Eicheln in der Gegend bei Friedrichsburg gab.

Der Verfasser läßt noch einmal seiner regen Phantasie den Zügel schießen, indem er

„über die ganze herrliche Landschaft die „untergehende Sonne ihre Strahlen „werfen läßt; man war erstaunt über „den ganz veränderten Charakter der „Landschaft, und man begrüßte ihn mit „Bewunderung und großer Freude."

Ja sogar Seite 9 bedauert er, daß

„ein großer Theil des fruchtbaren (?) „Landes, welches hätte zum deutschen „Centrum von Texas gemacht werden „sollen — in die Hände von Amerika-„nern fiel."

Die denkenden Theilnehmer an der Expedition kamen gerade zu dem entgegengesetzten Schlusse. Auf den ersten Blick konnte man sehen, daß dies nicht das Land für Ackerbauer war, welches der Verein sich gedacht und unbesehen in seinen Pamphleten beschrieben hatte. Es waren keine große, zusammenhängende Flächen fruchtbaren

Ackerlandes, wie im unteren Texas, wo man sie damals noch für fünf bis zehn Cents per Acre kaufen konnte, und hätte kaufen mussen, — vorhanden, sondern nur ein durchbrochenes, sandiges, mit Steingerölle, Kies und Granitmässen abwechselndes Terrain, schwach mit Holz bewachsen, und sich wohl zur Viehzucht, aber nur schlecht zum Ackerbau eignend (Dr. F. Römer: Texas, mit besonderer Rücksicht auf deutsche Einwanderung. Bonn 1849).

Natürlich waren auch hie und da, z. B. in den Niederungen (Bottoms) des San Saba einzelne schöne Stücke fruchtbaren leichten Bodens zu finden, aber im Ganzen wäre es zu bedauern gewesen, wenn dieses Land „zum Centrum" der deutschen Bevölkerung gemacht wäre; es wäre Arbeit und Mühe, Fleiß und Ausdauer weggeworfen, während die Deutschen an geeigneten Plätzen, wie Farm Nassau, ein Paradies geschaffen haben würden, wie dieses ja auch später, ohne Hülfe des Vereins, geschehen ist.

Seite 8: sagt der Verfasser, „daß die Stadt Castell von den sogenannten Darmstädter Gesellschaft ausgelegt sei," ist auch unrichtig. Nach dem gedruckten Berichte des General-Kommissärs vom 19. Januar 1846 wurden Castell, Leiningen und Meerholz von dem Vereine oder dessen General-Kommissär ausgelegt. Castell besteht heute noch als Städtchen, Leiningen ist nur eine Ansiedelung geblieben und Meerholz (nach dem Vereins-Mitgliede Grafen Isenburg-Meerholz, nicht Mehrholz wie Manche belieben) ist vom Erdboden verschwunden, indem die Kolonisten, wie die Sage geht, nachdem sie für ein Jahr Provisionen vom Vereine gefaßt hatten, unter dem Rufe „mehr Holz" ausgerissen seien.

Die sogen. Kolonie der „Darmstädter war eine Meile unterhalb Castell am Nordufer des Llano ausgelegt und von ihnen selbst „Bettina", nach der beliebten Schriftstellerin Bettina v. Arnim, genannt.

Die kopflose Direktion in Deutschland, welche die Vereins-Mitglieder gegen ihren Wunsch und Willen weiter in das Unternehmen hineingetrieben hatte, ohne für die nöthigen Geldmittel rechtzeitig zu sorgen — konnte oder wollte nicht kalkuliren, was für Ausgaben, den gemachten Versprechungen gemäß hier sein würden. Der Verein hatte zur Zeit des Kontrakt-Abschlusses mit den Darmstädtern unter Spieß und Herff nichts mehr als seine längst verausgabten 200,000 Gulden und seine Schulden. Der Vertrag mit Spieß wurde drüben mit 30,000 Gulden zur Ausrüstung angesetzt, und hier herüber brachten sie noch eine offene Ordre, wonach ihnen Wagen, Gespann, Werkzeug und Provisionen nach ihrem Wunsche verabfolgt werden müßten, was wahrscheinlich nochmals eine Ausgabe von 30,000 Gulden veranlaßte. Dafür zog eine Anzahl von 33 bis 40 vortrefflichen, wohlerzogenen, thatkräftigen und entschlossenen jungen Leuten in das Kontrakt-Land und legten eine Meile unterhalb Castell eine Farm an, welche sie Bettina nannten. Im Kontrakt war nicht vorgesehen, daß die jungen Leute wenigstens eine bestimmte Anzahl Jahre ansäßig bleiben mußten. (Der Kontrakt mit Texas bedingte dreijährige Säßigkeit.) — Die letzten Wagen, Gespanne, Geräthe und so schon knappen Provisionen in den bereits bestehenden Kolonien New Braunfels und Friedirich-burg gingen also noch darauf, und die auf dunkeln, unklaren, kommunistischen Prinzipien gegründete Gesellschaft zerstreute sich nach civilisirten Gegenden in nicht langer Zeit.

Man sieht, wie eine an sich ganz vortreffliche Idee unter den gegebenen Umständen zu einer wenig nutzenden großen Geldausgabe Veranlassung gab, und nur die schon vorhandenen ungeheuerlichen Schulden vermehrte. Der Vereinsdirektor hatte natürlich vermuthet, daß diese vortreffliche Gesellschaft dort in der Kolonie bleiben und einen Stamm ausgezeichneter, fest ansäßiger Kolonisten bilden würde; das hätte aber im Kontrakt deutlich vorgesehen werden müssen. Praktisch vom Communismus geheilt, stellte sich einer nach dem andern auf eigene Füße und wurde ausgezeichneter Bürger seiner neuen Heimath.

Seite 9:

„Der Verlust des von Fischer & Miller „erworbenen Landkomplexes drohte, da „es der Gesellschaft nicht möglich war, „denselben mit 6000 Einwanderern zu „besiedeln, bis Ablauf des Jahres 1847."

Ganz unrichtig: Erstens verfällt der haargeschärfte Kritiker des Vereins in denselben Irrthum, wie der Verein (der daran zu Grunde ging), denn es ist schon nachgewiesen worden, daß Fischer & Miller gar keinen Landkomplex erworben hatten, von ihnen konnte also der Verein auch keinen erwerben. Zweitens: Da ein erworbener Landbesitz garnicht vorhanden war, so konnte auch ein Verlust desselben nicht drohen. Die aus dem Kolonisations-Contrakt herzuleitende Berechtigung, für die Einwanderer Land aus einem dazu bei Seite gesetzten Territorium auszuwählen, blieb nach wie vor bestehen, ob der Verein 6000 oder weniger Einwanderer einführte. Kein Theil des Landes fiel den Amerikanern in die Hände, alle die abwechselnden Sectionen (Quadratmeilen) wurden an die Deutschen vertheilt, und die Staats-Sectionen waren gegen Jedermann, auch gegen Amerikaner reservirt. Daß Deutsche durch Verkauf ihre Anrechte an Spekulanten (Amerikaner und Deutsche) übertrugen, war jedes Einzelnen eigener freier Wille, den weder der Staat, noch der Verein controlliren konnte.

Weiter Seite 9:

„Land besaß die Gesellschaft nicht „mehr und wäre es Betrug gewesen, „Einwanderer nach dem Llano-Gebiet „zu schicken, ohne das Versprechen halten zu können, ihnen Heimstätten zu „geben."

Vollständig unrichtig: Genau so viel Land, wie der Verein früher besessen hatte, besaß er noch — d. h. gar keines — wohl aber die Berechtigung, aus dem inzwischen vermessenen (für Ansiedelung bei Seite gesetzten) Territorium die Einwanderer ihr Land auswählen zu lassen, und diese Berechtigung war nach wie vor vorhanden und wurde auch ausgeübt.

„So wurde denn nach einem totalen „Fehlschlag des Unternehmens die Auf- „lösung der Gesellschaft beschlossen."

Ist unrichtig: Der letzte regelrechte Ge- neral-Commissär war Herr Bene, der vom Direktorium im Jahre 1852 ernannt wurde. Im Jahre 1853 hörten die offi- zielle Akte des Vereins in Texas auf, ob- gleich noch am 15. Juni 1857 ein Doku- ment von Henry F. Fisher, als Agent des Vereins, offiziell unterzeichnet ist, auch von dem General-Land-Amt als gesetzlich gültig anerkannt im genannten Amte nach- gesehen werden kann.

„Mit Abwickelung der Geschäfte in „Texas wurde G. Dresel, ein energi- „scher und umsichtiger Geschäftsmann „u. f. w., betraut, und wurde der „Nachfolger Meusebach's."

Ist unrichtig: Dresel war nie und wurde nie der Nachfolger Meusebach's, hatte überhaupt mit der Kolonial-Ver- waltung in Texas nichts zu thun, sondern war **abnormer** Weise vom leitenden Direktor Grafen Castell als von der Kolo- nial-Verwaltung unabhängiger General- Handels-Agent des Vereins angestellt. Dresel kam nach Texas und starb 1848 in Gonzales. Da kein Verwandter oder näherer Bekannter vorhanden war, wurde der Rechnungsführer v. Coll hinunter- geschickt, um die Nachlaßenschaft und Pa- piere in Sicherheit zu bringen. Er be- richtete, daß ein schriftlicher Vertrag vor- handen sei, welchen Dresel mit dem Kauf- mann Illies in Galveston abgeschlossen hatte, wonach Illies die Vereinspapiere aufkaufen, Dresel sie al pari einlösen und beide den Profit theilen sollten.

Wenn dieses die

„Ordnung der Geld-Angelegenheiten „in sehr geschickter, für Gläubiger wie „für Schuldner befriedigender Weise"

war, so ist anzunehmen, daß auch ähn- liche Arrangements in New Orleans ge- troffen waren. Es mögen auch hin und wieder Abschlags-Zahlungen oder Ver- tröstungen gemacht worden sein, von einem allgemeinen Abkommen mit **a l l e n** G l ä u b i g e r n hat sich nichts bemerk- bar gemacht. Die leeren Kaffen des Ver-

eins in Texas und die Finanznoth blieben dieselben, durch Dresel's Dasein oder Nichtdasein wurde nichts geändert.

„Nachdem die Gesellschaft so ganz „plötzlich und unerwartet ihren Ver- „treter in Texas verloren hatte."

Ist unrichtig: Denn Dresel war nie ihr Vertreter in Texas und durch seinen Tod verlor die Gesellschaft nicht ihren Vertreter. Meusebach übergab sein Amt als General-Commissär am 20. Juli 1847 an H. Spies, als seinen Nachfolger.

„Nachdem die Gesellschaft ihren Ver- „treter in Texas verloren hatte u. f. w., „bemächtigte sich ein gewisser Schubert „der Leitung und erklärte sich selbst zum „General-Commissär der Mainzer Ge- „sellschaft."

Ist unrichtig: Schubert bemächtigte sich n i c h t der Leitung, er erklärte sich n i c h t zum General-Commissär; Spies war es seit 20. Juli 1847. Nachdem Schubert im Juli 1847 als Kolonial-Direktor von Friedrichsburg abgesetzt war, kam er Ende desselben Monats herunter und zog nach der Farm Nassau, für die er einen gül- tigen Pacht-Contrakt hatte.

„Er ließ sich in der Pflanzung Nassau „nieder, befestigte dieselbe durch Brust- „wehren."

Diese Brustwehren sind die reine Er- findung des Verfassers; die Farm Nassau war nie in irgend einer Weise befestigt. Es war kein Grund vorhanden, warum Schubert nicht in der Pachtung bleiben sollte; wenn man befürchtete, daß er sei- nen Contrakt nicht erfüllen würde, so konnte das doch abgewartet und die gesetz- lichen Schritte gethan werden, ihn zur Erfüllung oder zum Aufgeben des Pacht- Contrats zu zwingen.

Der General-Commissär Spies, wie es scheint durch den Rath von Advokaten ge- leitet, suchte sich mit Gewalt in den Besitz der Farm zu setzen. Diese unselige Idee und ihre Folgen hat dem Verein zehnmal mehr gekostet, als jeder Verlust, den er hätte an der Pachtung erleiden können, und außerdem kostete sie ein Menschen- leben, indem der Maler Rohrdorf bei einem nächtlichen Angriff erschossen wurde, woraus von Staatswegen ein Criminal= Verfahren wegen Mord gegen Spies (man dente, gegen das Haupt des Vereins in Texas) und Andere resultirte.

„Die Plantage Nassau wurde jetzt „durch Röder, welcher Schuldforderun= „gen an die Beamten der Com= „pagnie hatte, mit Beschlag belegt, auf „Anordnung des Distrikts=Gerichts ver= „kauft und der Erlös unter die Gläu= „biger vertheilt."

Dieser Satz enthält drei Unrichtigkeiten und eine absichtliche Ungenauigkeit. Die Plantage wurde n i c h t von Röder mit Beschlag belegt, sie wurde n i c h t auf An= ordnung des Distrikts=Gerichts verkauft, der Erlös wurde n i c h t an die Gläubiger vertheilt; Röder hatte keine Schuldforde= rung a n d i e Beamten des Vereins. Otto v. Röder, einer der—Deutschen, die schon 1836 an dem mexikanischen Un= abhängigkeits=Kriege Theil nahmen, hatte seine Bekanntschaft, seinen Einfluß und seinen persönlichen Credit bei den reichen Plantagen=Besitzern am Brazos u. s. w. dazu benutzt, von denselben Maiskorn zu bekommen, welches zum Unterhalt der Ein= wanderer an den Verein, theils in Mehl, geliefert wurde. Er borgte auch Fuhr= werk und hatte etwa 10,000 Bushel Korn nach und nach aus seinen eigenen Mitteln, oder von Andern auf sein Gutsagen an den Verein, theils nach New Braunfels und theils nach Friedrichsburg geliefert. Der Ausdruck „S c h u l d f o r d e r u n g a n d i e B e a m t e n" soll in dem Leser die Idee erregen, daß für P r i v a t= S c h u l d e n der Beamten die Plantage mit Beschlag belegt sei. Da kein Geld in den immerwährend leeren Kassen des Ver= eins vorhanden war, und Röder gedrängt von Denen, deren Vertrauen er für den Verein in Anspruch genommen, auf Zah= lung drängte, so verkaufte nach freier Uebereinkunft der damalige General=Com= missär des Vereins, Hr. L. Bene, an Otto v. Röder die Plantage für etwa $15,000. Der schriftliche Kaufvertrag ist in der Clerks=Office von Fayette County regist= rirt und kann da nachgesehen werden.

Später wurde Farm Nassau unter Exeku= tion für irgend eine eingeklagte Vereins= schuld öffentlich und über Röder's Rechte weg verkauft, für $500, schreibe fünf= hundert Dollars, einem gewissen Chandler zugeschlagen. In dem aus diesem Ver= kauf resultirenden Prozeß ging Chandler als Sieger hervor. Röder verlor Alles, und mit der Farm Nassau waren wirklich noch nicht mehr als $500 Vereinsschulden bezahlt.

Jetzt heißt der Platz „Röder's Mill".

Falsch! Röder wohnte auf „Röder's Mill" ehe er Nassau kaufte. Röder's Mill liegt in Austin County, drei Meilen von der Farm Nassau, die in Fayette County liegt und noch heute Nassau ge= nannt wird.

Bezüglich der auf Seite 9 erwähnten Klage von Fisher & Miller gegen den Verein, möge zur Berichtigung dienen, daß im Dezember 1850 Fisher & Miller durch gerichtliches Erkenntniß 250,000 Acres Land zugesprochen wurden, das heißt mehr Land als der Verein von der Regierung zu erhalten berechtigt war. (M. A. Seite 9.) Es würde zu weit führen, hier nachzuweisen, in welcher Weise dieses Erkenntniß erlangt wurde, es giebt zu denken, daß die unter diesem Erkenntniß an Fisher & Miller ausgegebenen Land=Certifikate von zusam= men 134,400 Acres von den Staatsbehör= den deshalb nicht anerkannt wurden, weil sie auf den Namen Fisher & Miller laute= ten, anstatt auf "the German Emigra= tion Company" und erst im Jahre 1856, als Fisher selbst als Agent des Vereins fungirte, durch Spezial=Gesetzgebung lega= lisirt wurden.

Mit einem Kosten=Aufwande von etwa 80,000 Dollars hatte der Verein ungefähr 4500 Quadratmeilen Land vermessen und in Sektionen auslegen lassen, die Hälfte davon war für die Regierung reservirt, es waren also wenigstens 2000 Sektionen vorhanden, über die der Staat verfügen konnte, ohne die Rechte der Einwanderer zu beeinträchtigen. Einen Theil dieser reservirten Sektionen gab der Staat her für die Prämienländereien die dem Verein kontraktlich zukamen; es ist ganz erfunden

und unwahr, was den Regierungs-Kom-
missären Seite 9 vorgeworfen wird.

Diese vielen Irrthümer und Unwahrheiten sollten genügen, jeden denkenden
Leser davon zurückzuhalten, irgend ein
Wort in dem Artikel: „Was Texas für
den deutschen Einwanderer bedeutet," No.
128 und No. 129 des „Auswanderer", in
Treu und Glauben anzunehmen. Der
ganze Artikel ist sensationell, nicht historisch. Dem Sensations-Schreiber kommt
es auf die Wahrheit nicht an, sondern auf
den Effekt, er will den Leser unterhalten,
Vorurtheilen schmeicheln und sich dadurch
einem gewissen Leserkreis angenehm machen, so verfällt er denn in den Irrthum,
seine eigenen Ansichten und Schlüsse für
wahr aufzutischen, die darauf ausgehen,
den deutschen Fürsten und Adeligen alles
mögliche Böse anzudichten, oder wie man
sagt: „kein gutes Haar an ihnen zu lassen." Dahin gehört denn nun als
Haupttrumpf die Anschuldigung,
daß die Mitglieder des Vereins für jeden
Auswanderer nach Texas von der englischen Regierung eine Prämie gezahlt erhielten, daß der Zweck, die Auswanderer
nach Texas zu leiten, der war, hier die
Sklaverei abzuschaffen und dadurch die
weitere Ausdehnung der sklavenhaltenden
Staaten nach dem Südwesten zu verhindern, worüber im nächsten Abschnitt spe-
ziell abgehandelt werden soll.

V.

Wiederlegung der Anschuldigung, daß
der Verein zum Schutze der deutschen Auswanderer nach Texas
von der engl. Regierung bezahlt wurde, resp. für jeden Auswanderer nach
Texas eine Prämie
erhielt.

Daß der Verfasser des Sensationsarti-
kels es mit der Wahrheit nicht genau
nimmt, ist bereits bewiesen, sowie auch
sein Bestreben, alle Thatsachen in einer
solchen Darstellung vorzuführen, die dazu
dienen möchte, den Charakter der Gründer

und Mitglieder des Vereins zu schädigen,
auch in jeder Beziehung alle Mängel in
der Verwaltung, Verpflegung, Transpor-
tation u. s. w., bösem Willen und absicht-
licher Vernachläßigung zuzuschreiben und
den Anschein zu verbreiten, daß der Verein schließlich an allen Leiden schuld war,
welche die einzelnen Personen zu bestehen
hatten und die manches Todesopfer for-
derten. Wenn es nun dem Verfasser ge-
länge, zu allen diesen Anschuldigungen
als Krönung der Schlechtigkeit die Entstehung des Vereins der Käuflichkeit der
deutschen Fürsten und Herrn zuzuschreiben,
die von der englischen Regierung bezahlt,
sich hergaben, Familien zur Auswanderung nach Texas zu verleiten und sie dort,
unbekümmert um ihr weiteres Fortkom-
men, ihrem Schicksale zu überlassen, nur
darauf bedacht, die von England für jeden
Kopf versprochene Prämie einzuheimsen,
so glaubte der Verfasser unstreitig, seinen
Zweck, den deutschen Verein verächtlich zu
machen, bis zum höchsten Gipfel seiner
Phantasie erreicht zu haben. Die Anschuldigung so schmählicher Handlungsweise kann doch nicht durch dunkle Andeu-
tungen, sondern nur durch die allervoll-
gültigsten dokumentarischen Beweise be-
gründet werden.

Nehmen wir nun No. 128 des „Auswanderer", Seite 6:

„Es liegen Beweise vor, daß England
„bei der Gründung der Gesellschaft stark
„betheiligt war und noch mehr, daß sie
„auf seine Veranlassung ins Leben ge-
„rufen wurde."

In No. 131 des „Auswanderer", Seite
6, wurde der Verfasser aufgefordert, die
Beweise beizubringen, das sind jetzt 6
Monate her und er hat noch keine Antwort
gegeben oder Beweise gebracht.

Nachdem der Verfasser dann noch eine
Weile über die Ideen der Engländer bezüglich auf Texas und dessen Besiedelung
durch Deutsche auf seine Weise gefaselt
hat, heißt es weiter:

„Daß diese Angaben auf Wahrheit be-
„ruhen, zeigen verschiedene vom Prinzen
„Solms an Beamte der Gesellschaft ge-
„richtete Briefe und auch solche an das
„Staatssekretariat."

Es ist historisch, daß damals in Eng=
land ein Verein: "The Anty-slavery
Society" bestand, welcher sich die Aufgabe
gestellt, für Aufhebung der Sklaverei auf
der ganzen Welt zu wirken. Es wird
später nachgewiesen werden, daß dieser
Verein im Jahre 1843 Fühlung mit ein=
zelnen Personen in Texas hatte, und es
ist durchaus nicht zu verwundern, daß auch
Prinz Solms beeinflußt werden sollte,
und daß in dessen Privat=Korrespondenz
sich darauf bezügliche Briefe befinden,
wovon auch das Direktorium in Deutsch=
land avisirt war. Der Nachfolger des
Prinzen Solms, Herr Meusebach, wurde
deshalb von dem leitenden Direktor Gra=
fen Castell ausdrücklich instruirt, solche
politifirende Briefe, **wenn vorhan=
den,** sofort im Namen des Vereins zu
desavouiren, da der Verein gar nichts mit
Politik zu thun habe, und der Prinz keine
Vollmacht besessen habe, sich auf eigene
Faust in Politik einzulassen.

No. 128, Seite 8:

„Der Prinz selbst legte den Grund=
„stein und in ihm wurde das nachstehende
„Dokument gelegt, welches genügend
„zeigt, wie weitgehend England's Hände
„in dem Spiele reichten."

Nun bitte ich, jeder Leser möge dieses
Grundstein=Dokument wenigstens zweimal
durchlesen und den Satz, das Wort oder
auch nur die Silbe herausfinden, woraus
man, wenn auch nur durch Folgerung,
England's Hände entdecken könnte. Es
gehört wahrlich viel Unverschämtheit dazu,
feinen Lesern zuzumuthen, diese Phantasie
nur so anzunehmen, wie es dem Herrn
Verfasser beliebt:

„und die vielen kleinen deutschen
„Fürsten und Hoheiten verloren dadurch
„die Revenue, die ihnen England als
„Preis für ihre ausgewanderten Unter=
„terthanen und Landsleute gegeben
„hatte."

Wie stimmt das mit dem Satze:
„nur wenigen Mitgliedern wurde
„der Zweck mitgetheilt, ihnen sollte auch
„der Preis für die Auswanderer gezahlt
„werden."

Also England hatte gegeben an

Viele und an Wenige sollte ge=
zahlt werden. Wunder was die Vielen
dachten, wenn sie Geld erhielten, sie muß=
ten nicht wofür noch woher. Lächerlich!

„Im Jahre 1842 waren die Ver=
„handlungen zwischen England und
„Deutschland so weit gediehen, daß die
„deutschen Fürsten an die Ausführung
„ihres Theiles des Vertrages gehen
„konnten."

Dieses wird als eine geschichtliche That=
sache berichtet. Der Verfasser übersieht,
daß Deutschland in 1842 keine Re=
gierung hatte, die mit anderen Regie=
rungen unterhandeln konnte, daß Deutsch=
land eine Repräsentation nach auswärts
nur durch den deutschen Bund aufrecht er=
hielt. Der Sensationsschreiber will doch
Niemand glauben machen, der deutsche
Bund habe mit der englischen Regierung
Verhandlungen über den Verkauf von
Emigranten geführt, solches würde ja
schon längst in die Oeffentlichkeit ge=
drungen sein. Aber angenommen, der
Verfasser sagt „Deutschland", blos zu
verallgemeinern, was er den deutschen
Fürsten andichtet, so übersieht er
doch, daß von den 21 Mitgliedern des
Vereins nur sechs (recht kleine) regie=
rende Fürsten waren; die übrigen wa=
ren nur Prinzen, Grafen und Herren, die
keine Herrschaft über Land und Leute
hatten, und daß ein Verein dieser Herren
nicht Deutschland vertrat oder vertreten
konnte, insbesondere nicht der englischen
Regierung gegenüber. Es erscheint also
des Verfassers Absicht, daß das, was er
diesen Herren andichtet, von dem unauf=
merksamen Leser auf alle regierende Häup=
ter Deutschlands bezogen werden soll.
Einem Schriftsteller, der seinen Lesern
solche Zumuthungen stellt, sollte man je=
den Glauben an sein Werk versagen.
Der Prinz von Preußen, welchen
der Verfasser unrichtiger Weise als an der
Spitze des Vereins stehend bezeichnet, wäh=
rend er kurz vorher den Fürsten Leiningen
als Präsidenten richtig anführt, war ein
apanagirter Prinz, ohne politischen Ein=
fluß, der in Düsseldorf wohnte.

„Nur wenigen Mitgliedern wurde der

„eigentliche Zweck der Gesellschaft mit-
„theilt; die Leiter allein wußten von
„dem Interesse, das England am Er-
„folg des Unternehmens hatte. „Ihnen
„sollte auch der stipulirte Preis für die
„Auswanderer gezahlt werden“ und
„weiter: „Diese Mittheilungen wurden
„vor allen Mitgliedern geheim ge-
„halten.“

Von den vielen Kritikern, die über den
deutschen Verein geschrieben haben, sind
der Verfasser des hier besprochenen Ten-
denzartikels, nebst Siemering und sein
Vertheidiger im „Texas Vorwärts“, die
einzigen die es gewagt haben, den Mitgliedern des Vereins die schmählichste
Handlungsweise vorzuwerfen, ohne dafür
vollgültige Beweise beizubringen, die doch
ein jeder Leser zu fordern berechtigt ist.
Die von A. Siemering und seinem Nachbeter und Vertheidiger aufgeworfene
Frage:

„Was konnte die deutschen Fürsten be-
„wegen, ihre Unterthanen massenweise
„zur Auswanderung nach Texas zu
„verleiten,“

beantwortet sich sehr einfach von selbst,
wenn man, ohne von fixen Ideen vorher
eingenommen zu sein, die öffentlichen Dokumente durchliest und bedenkt, daß dem
leitenden Geiste, dem Grafen Castell, der
die übrigen Mitglieder gegen ihren Willen
tiefer in das Unternehmen hineingetrieben
hat, immer die Idee von der englisch-
ostindischen Company und deren Erfolgen
vorgeschwebt hat.

Wie bereits vorher bemerkt, sind Siemering, sein Nachbeter im „Auswanderer“
und sein Vertheidiger im „Texas Vorwärts“ die einzigen, welche den Verein
ehrloser Handlungen beschuldigen. Sie
haben erfunden, daß der Verein mit
englischem Gelde gegründet, durch die
englische Regierung veranlaßt,
seine Emigranten für ein, bis zum Anschluß von Texas an die Ver. Staaten,
bezahltes Kopfgeld an England
verkauft habe.

Der Vertheidiger Siemering's im Texas
„Vorwärts“ bezieht sich (No. 45) erfolg-
los auf das Grundstein=Dokument, weist

auf die Staats=Archive hin ohne einen
Beweis daraus zu schöpfen und denkt
einen besonderen Trumpf auszuspielen,
indem er die von Siemering auf den
deutschen Namen geworfene Schmach auf
die deutschen Fürsten in Sonderstellung
von dem Volke zu übertragen sucht.
Schreiber dieses antwortete darauf wie
folgt:

Austin, Tex., den 20. Aug. '94.
Herrn Julius Schütze, Schriftleiter,
„Texas Vorwärts“, hier.

Werther Herr!

In meinem Schreiben vom 10. d. Mts.
bat ich Sie, sich selbst zu überzeugen, ob
die von A. Siemering angegebenen Beweise die Anschuldigung rechtfertigen, daß
der Verein zum Schutze deutscher Auswanderer nach Texas im englischen
Interesse gegründet und mit
englischem Gelde bezahlt war,
und sprach zugleich die Hoffnung im Vertrauen auf Ihren Gerechtigkeitssinn aus,
daß wenn die Beweise nicht erbracht werden können, Sie sich enthalten werden,
durch weitere Verbreitung zu einer Fäl-
schung der Vereinsgeschichte, beizutragen.

Aus Ihren der Publikation meines
Schreibens beigefügten Bemerkungen er-
sehe ich, daß Sie die Schriftstücke geprüft
haben, die Beweise enthalten sollen, ohne
auch nur eine Silbe darin zu finden,
welche auch nur entfernt auf ein Einver-
ständniß zwischen der englischen Regierung
und dem deutschen Verein schließen läßt.
Weder in der von dem Prinzen Solms in
den Grundstein gelegten Schrift, noch in
dem Bericht des texanischen Gesandten,
kann von einem unbefangenen Leser etwas
gefunden werden, welches die genannte
Anschuldigung rechtfertigt.

Das Austiner Ferkel, das stark genug
war, die durch Ashbel Smith, dem texanischen Gesandten, mühsam angeknüpften
freundlichen, politischen Beziehungen zwischen Texas und Frankreich zu zerreißen,
kann nicht dazu dienen, eine Verbindung
zwischen England und dem deutschen Verein auszuwittern, weil diese Verbindung
erst vierzig Jahre später durch A. Siemering entdeckt, resp. erfunden wurde.

Auf Ihren Hinweis auf noch heute in Deutschland schwebende Prozesse, welche über die Theilung des Geldes unter den betreffenden herrschaftlichen Familien verhandeln, kann ich nur sagen, daß der Verein auf Aktien gegründet war, und eine Vertheilung von Geld unter Aktien-Inhaber schwerlich vierzigjähriger Prozesse bedarf. Es ist notorisch, daß der Verein schon 1847 seine Zahlungen einstellte, b a n k e r o t t w a r. Der Sensations-Artikel (welchen A. Siemering benutzt), schreibt darüber wörtlich:

„Die englische Regierung hatte längst „aufgehört,. der Gesellschaft für jeden „von ihr herübergebrachten Einwande-„rer ein Prämium zu bezahlen, und die „Mitglieder der Gesellschaft weigerten „sich, weitere Beiträge zu entrichten."

Hiernach bestand schon 1847 das Eigenthum des Vereins nur aus Schulden. In den von Ihnen angeführten Prozessen kann es sich also nur darum handeln, Geld zur Schulden-Deckung einzutreiben. Sollte aber wirklich Geld vorhanden sein, so fehlt doch der Nachweis, daß es von England kam.

Mit Argumentation von Möglichkeiten, mit Gedankenspähnen und Phantasie-Gebilden kann man weder Geschichte schreiben, noch Jemandes Ehre abschneiden, wenn es auch nur deutsche Fürsten sind.

H e r a u s mit den B e w e i s e n; ohne w e n n u n d a b e r.

Achtungsvoll,

W. v. R o s e n b e r g.

Auch hierauf blieben alle und jede Beweise aus. In seiner Antwort (No. 47) ergeht sich der Vertheidiger in einem irrelevanten Wortschwall, um die Aufmerksamkeit des Lesers abzulenken und zu verwirren und will dann den uralten Rechts-Grundsatz: „qui contendit probat" (wer behauptet muß es auch beweisen), umkehren, indem er der Gegenpartei den Beweis der Wahrheit seiner aus der Luft gegriffenen Beschuldigung zuzuschieben versucht. Die Fehler, Unterschätzung der Schwierigkeiten, sagen wir Leichtsinn, mit dem der Verein sich in ein Unternehmen einließ, welches durch den,

den Deutschen innewohnenden Wanderungstrieb weit über die Dimensionen anschwoll, die man sich gedacht, werden dem Verein mit Recht vorgeworfen, und dafür muß er auch die Verantwortung tragen, es ist nicht nöthig, ihm ungerechter Weise noch mehr aufzubürden, nur um der Effekthascherei des Tendenzschreibers, dessen absichtliche Unwarheiten gebrandmarkt zu werden verdienen, zu genügen. Dr. Fritz Kapp sagt in seinem Buch „Aus und über Amerika", 1876, worin die Geschichte des Vereins Seite 243 bis 290 enthalten ist:

„Ich bin weit entfernt, diese Gesellschaft „der absichtlichen Uebervortheilung der „Auswanderer, der plus Macherei und „Geldspekulation anzuklagen. Ebenso „bin ich fest von der philantropischen „Absicht des Vereins überzeugt."

So auch Alwin Sörgel und Eickhoff erkennen die gute Absicht des Vereins an, sagen aber, daß die g u t e A b s i c h t a l l e i n nicht dazu hinreichte, das Unternehmen günstig zu gestalten. Diese Urtheile kann man zustimmend unterschreiben.

Nach den vor aller Welt offen daliegenden Rechnungen, Dokumenten und Thatsachen steht es fest, daß von einundzwanzig sämmtlich d e u t s c h e n Personen, etwa zwei Drittel zum niedern Adel und etwa ein Drittel zu regierenden Familien gehörend, ein Aktien-Unternehmen zum Ankauf von Land in Texas gegründet wurde, 1842, 1843; daß der Betrag von 5000 Gulden für jede Aktie durch den Bankier des Vereins, Flersheim in Frankfurt a. M., von diesen d e u t s c h e n Personen eingezogen wurde; daß nach Umwandlung des Landankaufs-Projekts in ein Kolonisations-Unternehmen (25. März 1844) mit der angeblich auf 200,000 Gulden sich belaufenden Summe, die Absendung von großen Massen Auswanderer leichtsinnig begonnen wurde; daß nach eigenem Eingeständniß die ganze Summe für die erste Expedition von 1844 aufgebraucht war; daß die Direktion in Deutschland, verleitet durch die Vorspiegelungen der interessirten Land-Spekulanten, in dem blinden Köhlerglauben befangen war, daß die Einzahlungen der Emigranten hinreichen würden, die Kosten der zweiten Expedition zu decken; daß mit den beiden Expeditionen von 1844 und 1845 etwa 4000, überhaupt im Ganzen etwa 8000 Emigranten nach Texas verschifft wurden, ohne genügende Mittel für deren Unterhalt, Beförderung und Rückzahlung der gemachten Deposita gleichzeitig mitzuschicken, daß dagegen die Schuld des Vereins für Deposita in Wechseln auf die leere Vereinskasse in Texas, ohne vorherige Benachrichtigung, Zusammenstellung oder Deckung gezogen wurde, also Schulden statt Geld übermittelt wurden; daß, statt rechtzeitig eine halbe Million Dollars hier zur Disposition zu haben, auf alle verzweifelte Berichte über den Thatbestand nur vereinzelt kleine Summen geschickt wurden; daß der Generalkommissär hier, als auf alle seine Berichte kein genügendes Geld gesendet wurde, zum letzten verzweifelten Auskunftsmittel griff, und durch den Agenten Kläner in Galveston eine Darstellung der hiesigen Verhältnisse durch die öffentliche Presse in Deutschland veranlaßte; (M. A., Seite 20) daß nun erst die kopflose Direktion in Deutschland die Gefahr begriff, in der das ganze Unternehmen schwebte, und sich zur Aufbringung einer größeren Summe auf einmal ermannte, ohne jedoch zu begreifen, daß bei einer Schuld von wenigstens 250,000 Dollars eine Summe von 60,000 zu gering sei, um auf die Dauer von allen Verlegenheiten zu befreien; daß endlich, eingeleitet in 1846, definitiv abgeschlossen in 1847 mit einem deutschen Bankhause (in Deutschland), eine Anleihe von 1,200,000 Gulden gemacht wurde, um die alten Schulden zu bezahlen und das Unternehmen fortzuführen; daß der Verein eine und eine halbe Million Gulden für seine Kolonisations-Pläne in Texas verausgabt, daß dafür kein Equivalent zum Nutzen des Vereins aufzuweisen ist; daß alles von dem Staate Texas an den Verein verliehene Prämien-Land, im Ganzen 192,000 Acres, theils durch betrügerische

Erkenntnisse an Fisher & Miller (M. A., Seit 9), theils an Texas-Gläubiger des Vereins, theils unter Exetution verloren gegangen; daß der dem Verein von Emigranten ceoirte Antheil an ihrem Kolonial-Lande ebenfalls für Schulden verkauft; und daß noch jetzt (1894) ein gewisser Sidon Harris (Käufer aller Landrechte der Erben von F. H. Fisher und B. Miller) Anspruch auf Land erhebt, welches dem Verein cedirt war, und darüber prozessirt. Alles dieses sind unleugbare Thatsachen.

Das Direktorium war stets in dem Glauben befangen, der Verein wäre Eigenthümer von 450 deutschen Quadratmeilen Land, welches er zu verkaufen hätte, wärend jeder rechts- und geschäftskundige Mensch nach Prüfung der Dokumente sagen mußte, daß derselbe von dem „Grant-Lande" nicht einen einzigen Acre eigenthümlich in sich besaß, sondern nur das Recht hatte, in dem abgegrenzten Territorium die abwechselnden Sektionen mit Emigranten zu besiedeln. Aber Rechts- und Geschäfts-Kundige als solche wurden nicht zu Mitgliedern des Vereins gewünscht, in dem Komite-Bericht (gedruckt Frankfurt a. M., 7. August 1849) lautet es wörtlich:

„Als vor acht Jahren der Verein zum „Schutze deutscher Einwanderer in „Texas von deutschen Fürsten und Edel„leuten gestiftet wurde, waren die Be„theiligten weniger bedacht, ihn auf „juristische Formen und Klauseln, als „auf Treue und Glauben, auf adelige „Ehre und Gesinnung zu gründen. Es „ist noch Jedem, der damals Anwesen„den erinnerlich, wie die Aufnahme von „Geschäftsmännern unter die Zahl der „Aktionäre nicht zugegeben werden „wollte, damit ja in dem Verein der „Geist der adeligen Sitte rein erhalten „bleibe."

Die Herren übersahen, daß ein so ausgesprochener Kastengeist für ihre innere Angelegenheiten unter sich wohl annehmbar war. Aber wo die Mitwirkung Außenstehender für das Unternehmen nothwendig war, wo ohne sachverständigen

Rath und Ueberlegung kein Schritt vorwärts hätte gethan werden sollen, bedingten solche Grundsätze, daß der Verein in allen Geschäften der verlierende Theil werden mußte, so daß Leute wie Alexander Bourgeois (der sich d'Orvanne nannte) und Henry F. Fisher, Burchard Miller, ein leichtes Spiel hatten, denselben zu übervortheilen, wie es denn auch geschehen.

A. Siemering stellt den Zweck des Vereins so dar: er wäre von der englischen Regierung bezahlt, um deutsche Auswanderer nach Texas zu lenten, von denen man annahm, sie würden eine Anti-Sklavereipartei in Texas stark machen, die Sklaverei durch das Stimmrecht abzuschaffen, der Anexation an die Ver. Staaten entgegen sein, resp. dieselbe verhindern, und durch den Freistaat Texas einen Damm gegen die Ausbreitung der Sklavenstaaten gegen Südwesten schaffen, auch England merkantile Vortheile ermöglichen.

Daß dieses Alles Hirngespinste sind, soll nun dokumentarisch nachgewiesen werden.

Nachdem Texas seine Unabhängigkeit von Mexico erkämpft, war es darauf bedacht, als selbstständige Republik anerkannt zu werden, womöglich durch das Wohlwollen europäischer Großmächte seine Stellung gegen Mexico zu stärken, durch den Einfluß mächtiger Staaten Mexico zur Aufgabe seiner Ansprüche an Texas zu veranlassen und permanenten Frieden herbeizuführen. In der Person von Dr. Ashbel Smith war ein passender Diplomat seitens Texas in England und in Frankreich akkreditirt. Die Berichte dieses Abgesandten, die sich in Originalen in den Archiven des Staats-Sekretariats von Texas befinden, müssen als amtliche Dokumente als vollgültige Beweismittel anerkannt werden. Einige Auszüge (in Uebersetzung) werden genügen, den Standpunkt der englischen Regierung zu konstatiren.

„Ashbel Smith an Isaac Van Zandt, Chargé d'affairs von Texas in Washington.
„Paris, 25. Januar 1843.
„Die Errichtung eines Freistaates auf „dem Territorium Texas ist ein Lieb-

„lingswunsch von England, für den „kaum irgend ein Preis zu groß erachtet werden würde u. s. w.

„Wir (Texaner) können nichts erwarten von einem fortgesetzten Anerbieten einer brittischen Vermittelung „mit Mexico auf der gegenwärtigen „Grundlage."

Dieses ist bezüglich Englands Bedingung, daß es auf eine Vermittelung für die Anerkennung der Unabhängigkeit von Texas seitens Mexico nur unter zu Grundelegung der Aufhebung der Sklaverei in Texas eingehen könne.

Ein Bericht über persönliche Rücksprache mit Lord Aberdeen:

„Ashbel Smith an Anson Jones, Staats-Sekretär,

Legation of Texas, London, 2. Juli 1843.

„Lord Aberdeen sagte: Ihre Majestät Regierung würde alle gesetzlichen „Mittel anwenden, einen so großen und „wünschenswerthen Zweck zu erreichen, „als die Aufhebung der Sklaverei u. s. w.

„Verschiedene Pläne und Methoden „sind hier vorgeschlagen, um die Aufhebung der Sklaverei zu erreichen, die „vornehmlichsten sind:

„1. Ein Darlehen an Texas, die Regierung in den Stand zu setzen, die „Sklaven zu kaufen und sie dann frei „zu lassen, unter der Bedingung, daß „darnach die Einführung von Sklaven „verboten werde. Lord Aberdeen sagte, „daß die britische Regierung die Zinsen „einer zu diesem Zwecke gemachten Anleihe garantiren würde, aber nicht für „Anleihen zu andern Zwecken.

„2. Geld zu erheben zum Ankauf „großer Flächen Staatsländereien in „Texas zu demselben Zweck, nämlich „die Aufhebung der Sklaverei in Texas; „aber hierbei soll Texas keinen offenstehenden Credit erhalten, vielmehr „muß das für Land zu zahlende Geld „nur dazu dienen, die Aufhebung der „Sklaverei in Texas zu ermöglichen, „und das Land würde absolutes Eigenthum derjenigen Personen, die das „Geld hergaben.

„Zu einer Zeit wurde noch ein dritter „Plan vorgeschlagen, nämlich durch Er= „muthigung der Auswanderer nach „Texas, Sklaverei n i e d e r z u s t i m= „m e n, **dieser ist vollständig** „**aufzugeben,** als zu unsicher, zu „langsam und zu kostspielig."

Darauf fährt Smith fort:

„Es ist mir mit Bestimmtheit zu ver= „stehen gegeben, daß, wenn Sklaverei „in Texas abgeschafft, die brittische Re= „gierung mit mehr Kraftaufwendung „sich in's Mittel legen würde, von „Mexiko die Anerkennung der Unab= „hängigkeit von Texas zu erlangen."

In Bezug auf die in London und an= derswo in England bestehende Anti- slavery Society, welche eine fortgesetzte Agitation aufrecht erhielt, auch mit e i n= z e l n e n (namhaft gemachten) P e r s o= n e n i n T e x a s korrespondirte, schreibt über eine am 20. Juli 1843 stattgehabte Unterredung mit Lord Aberdeen.

„Ashbel Smith an Anson Jones, Staats=Sekretär,

Legation of Texas, Paris, 31. } Juli 1843. }

„Er (Aberdeen) setzte dazu: Es exi= „stire keine Neigung seitens der britti= „schen Regierung, sich in diese Angele= „genheiten (abolition) a u f u n p a s= „s e n d e W e i s e e i n z u m i s c h e n, „und daß sie der texanischen Regierung „keine Ursache für Beschwerde geben „würde."

Weiterhin:

„Die brittische Politik in Bezug auf „Sklaverei ist weltbekannt und die gu= „ten oder bösen Folgen für Texas wer= den in keiner Weise in Betracht ge= zogen."

Um die Stellung der englischen Regie= rung klar zu stellen, drang Ashbel Smith schriftlich auf eine Erklärung und unterm 20. September 1843 schickte er an den Staats=Sekretär Anson Jones den folgen= den Brief (Uebersetzung vom Schreiber dieses):

„The Earl of Aberdeen an Ashbel Smith!

„Der Unterzeichnete, ihrer Majestät „Premier= und Staats=Minister für „auswärtige Angelegenheiten, hat die „Ehre, den Empfang der Note vom 1. „b. M. von Herrn Ashbel Smith, charge „d'affaires der Republik Texas, zu be= „scheinigen, in welcher die Aufmerksam= „keit Ihrer Majestät Regierung auf ge= „wisse britische Unterthanen und andere „Personen in London gelenkt wird, die „sich bemühen, Aufhebung der Sklave= „rei in Texas zu erlangen, und erklärt, „daß die fraglichen Personen in keiner „Weise von seiner Regierung anerkannt „werden, die deren Handlungen durch= „aus mißbilligt.

„Indem Herr Ashbel Smith eine „jede Absicht anzudeuten, als ob eine „Neigung ihrer Majestät Regierung „vorhanden wäre, sich unpassender „Weise in die Angelegenheiten von „Texas zu mischen, läugnet, läßt er Ihrer „Majestät Regierung nur Gerechtigkeit „wiederfahren. N i c h t s k a n n Ihren „A b s i c h t e n f e r n e r l i e g e n, a l s „s i c h a u f s o l c h e W e i s e i n d i e „i n n e r e A n g e l e g e n h e i t e n v o n „T e x a s z u m i s c h e n. Zugleich „erklärt der Unterzeichnete jedoch, daß „er annimmt, Herr Smith kennt die „fortgesetzte Besorgniß Ihrer Majestät „Regierung, die Sklaverei abgeschafft zu „sehen, nicht blos in Texas, sondern „auch in allen Theilen der Welt, und „es ist dem Unterzeichneten durchaus „nicht befremdend, daß Privatleute, die „denselben Ansichten huldigen, sich mit „allen ihnen zu Gebote stehenden Kräf= „ten bemühen, ein so wünschenswerthes „Ziel zu erreichen.

„Der Unterzeichnete hat die Ehre, „Herrn Ashbel Smith von Neuem seine „Hochachtung zu versichern.

gez. Aberdeen.

„Auswärtiges Amt, 11. Sept. 1843."

Die Stellung der englischen Regierung zu der Republik Texas und zur Sklave= reifrage ist in den im Staats=Archive zu Austin vorhandenen offiziellen Dokumen=

ten so scharf definirt, daß schon daraus allein die Unwahrheit der Behauptung sich ergiebt, daß die englische Regierung mit Deutschland oder mit den deutschen Fürsten, oder mit sonst Jemanden ein Abkommen getroffen haben soll, welches das Gegentheil, nämlich Einmischung in die erwähnten Verhältnisse, bezweckt.

Das Resultat dieser kleinen Schrift rekapitulirt sich dahin:

1. Daß der Sensations-Artikel im „Auswanderer" von Unrichtigkeiten und Erfindungen strotzt.

2. Daß ein Beweis für die schmähliche Behauptung des Menschenverkaufs seitens der Mitglieder des Vereins nirgends erbracht ist.

3. Daß die offiziellen, im Staats-Archiv befindlichen Dokumente beweisen, daß die englische Regierung nie Geld ausgegeben hat, um deutsche Einwanderer nach Texas zu bringen.

Und somit ist der Zweck dieses Schriftchens erreicht.

W. v. Rosenberg.

CPSIA information can be obtained
at www.ICGtesting.com
Printed in the USA
BVHW082248191118
533509BV00027B/2533/P